일상이 고고학

나 혼자 경주 여행

2 만파식적편

일상이 고고학

나 혼자 경주 여행

② 만파식적편

황윤 역사 여행 에세이

일상이 ___ 고고학 09

책읽는고양이

프롤로그

어느 순간부터인지 잠에서 깨어 눈을 뜬 채 누워 있다. 주변이 어두컴컴한 걸 보니 다행히 아직 해가 뜬 것 같지는 않군. 아무래도 오늘은 제대로 일출을 볼 수 있겠군. 아직 시간이 일러 가만히 누워 계속 생각에 빠진다. 일출 후 오늘은 어떤 여행을 즐겨볼까?

이곳은 문무대왕릉 바로 옆에 있는 숙소로 혼자 여행 와서 문무대왕릉을 즐기기에 딱이다. 2층 숙소에서 바다를 보면 바로 문무대왕릉도 가까이 보이고 말이지. 무엇보다 숙박비가 저렴해서 굿. 근처에는 24시간 편의점이 있어 바다를 구경한 후 대충 먹을 것을 사와 방에서 먹으면 된다. 펜션이라 요리도

해가 뜨기 전 문무대왕릉. ⓒPark Jongmoo

할 수 있지만 귀찮으니 패스.

근래 오래된 민박 주변으로 이곳처럼 새로운 펜션이 생기는 중이던데, 아무래도 가족, 친구, 연인 여행이 많은 듯하다. 그렇지만 나처럼 혼자 와서 즐겨도 나쁘지 않겠다는 생각. 무엇보다 문무대왕릉은 오랜 시간을 두고 혼자 감상할 때 그 분위기를 최고로 느낄 수 있거든. 마치 모네의 '루앙 대성당' 연작을 보듯이 말이지.

총 30점이 그려진 '루앙 대성당' 연작은 모네가 1892년부터 93년까지 노르망디의 루앙에 있는 루앙 대성당을 여러 차례 방문하여 그린 대작이다. 1년 중의 다른 시기, 다른 날씨, 다른 시간에 동일한 그림을 그림으로써 빛의 효과에 따라 사물이 어떻게 달라 보이는지를 보여주어 인상파 이론을 말 그대로 증명했지. 그래서인지 몰라도 세계적 뮤지엄에는 '루앙 대성당' 연작을 반드시 한 점 이상 소장하고 있다. 바로 인상파 이론 그 자체니까.

마찬가지로 문무대왕릉도 시간에 따른 빛의 변화에 따라 바다에 비친 바위 색이 시시각각 다른 느낌으로 다가오거든. 새벽, 오후, 저녁마다 바위 색이 달라지니 그 매력이 정말 남다르다. 덕분에 어제는 마치 내가 모네가 된 느낌으로 오랜 시간 변화하는 문무대왕릉을 즐기다 해가 진 후 숙소로 들어왔

모네가 그린 '루앙 대성당' 연작. 다른 시기, 다른 날씨, 다른 시간에 동일한 그림을 그림으로써 빛의 효과에 따라 사물이 어떻게 달라 보이는지를 보여준다.

시간에 따른 빛의 변화에 따라 바다에 비친 바위 색이 시시
각각 다른 느낌으로 다가온다. ©Park Jongmoo

지. 아마 모네가 프랑스가 아닌 한국에서 태어났다면 루앙 대성당이 아닌 문무대왕릉의 변화 모습을 그렸으리라 장담한다.

한편 문무대왕릉은 삼한일통을 이룩한 문무왕이 쉬는 장소로서 대중들에게는 바다 위에 있는 능으로 특히 잘 알려져 있다. 덕분에 문무대왕릉을 바라볼 때마다 나는 묘한 감정이 올라오던데, 이 김에 오늘은 새벽부터 문무대왕릉과 연결되는 이야기를 해 볼까?

다름 아닌 전설의 피리로 알려진 만파식적 이야기가 바로 그것이다.

차례

1
괴력난신

기묘한 이야기

만파식적에 대해 《삼국사기》에는 다음과 같은 기록이 남아 있다.

《삼국사기》.

《고기(古記)》에 이르기를, "신문왕 때 동해 가운데 홀연히 한 작은 산이 나타났는데, 형상이 거북 머리와 같았다. 그 위에 한 줄기의 대나무가 있어, 낮에는 갈라져 둘이 되고 밤에는 합하여 하나가 되었다. 왕이 사람을 시켜 베어다가 적(笛; 피리)을 만들어, 이름을 만파식(萬波息)이라고 하였다." 한다. 비록 이런 말이 있으나 괴이하여 믿을 수 없다.

《삼국사기》 잡지 음악[樂]

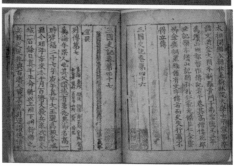

위 |《삼국사기》저자 김부식, 아래 |《삼국사기》펼침면

이렇듯 《삼국사기》를 살펴보면 《삼국유사》의 만파식적보다 축약되어 삼국의 음악 항목 중 하나로 만파식적을 소개하고 있군. 마치 피리 일종으로서 말이지. 당연히 작은 산이 동해에 돌연 등장하고 산 위에 낮에는 둘이고 밤에는 하나로 합쳐지는 대나무가 있다니 믿기는 힘들지만 한편으로 신비롭게 다가온다. 다만 해당 설화를 언급하며 고려의 김부식은 "비록 이런 말이 있으나 괴이하여 믿을 수 없다."라는 SNS 댓글 문화가 유행하는 지금 기준으로 볼 때도 꽤나 강력한 후기를 남겼다. 이때 그는 자신이 지닌 유교적 관점에 따라 괴이한 힘과 난잡한 귀신은 논하지 않는다는 사상을 바탕으로 이처럼 강력한 후기를 남긴 것이다.

子不語怪力亂神(자불어괴력난신)

《논어》 술이편

논어에 따르면 괴력난신(怪力亂神)은 괴이한 일과 난잡한 귀신을 의미한다. 즉 지금 기준으로 이야기해보면 이성적으로 설명하기 힘든 불가사의한 존재나 현상을 뜻하지. 예를 들면 UFO, 외계인 납치, 귀신의 저주, 기이한 현상 등이 포함되려나? 당연히 대나무를 지니고 동해에 갑자기 등장한 섬 역시 여기 포함되겠군. 그런데 이런 주제에 대해 살아생전 공자는 별다른 언급을 하지 않았다고 한다. 이에 위의 "자불어괴력난신"을 "공자는 괴력난신에 대해 언급하지 않았다."라 해석한다. 아무래도 공자는 이성적 사고를 중시 여겼던 모양.

그리고 유교 문화의 영향력 때문에 동아시아에서는 역사를 기록할 때 가능한 "군자불어괴력난신(君子不語怪力亂神)과 술이부작(述而不作)"에 입각하여 저술하도록 했다. 참고로 "술이부작"은 있는 그대로 꾸밈없이 쓴다는 의미를 지니고 있으니, 두 문장을 합쳐 괴이하거나 귀신의 일은 언급하지 않고 꾸밈없이 사실 그대로 기록하라는 뜻이다.

하지만 이상과 달리 현실은 뜻처럼 되는 것이 아니겠지. 지금의 우리도 근대 이후 이성적 사고를 인류 역사상 가장 중요시하는 문화에 살고 있건만, 그럼에도 불구하고 여전히 불가사의한 이야기에 종종 매력을 느끼듯 말이지. 이는 나 역시 마찬가지다. 은근 기이한 이야기를 좋아하거든. 덕분에 일요일마다 별 다른 계획이 없다면 '신비한 TV 서프라이즈'를 즐겨 보곤 함. 해당 프로의 시청률이 꾸준히 나오며 20년 이상 장수하는 이유는 아무래도 나처럼 신비한 이야기를 좋아하는 사람들이 여전히 많기 때문이 아닐까?

조선 시대의 괴력난신

이쯤 되니 한반도 역사상 유교 문화가 가장 남다르던 조선 시대에는 괴력난신에 대해 어떻게 생각했을까? 갑자기 궁금해지는걸.

경연에 나아가 《서경(書經)》 우공편을 강론하다가 조서동혈(鳥鼠同穴)에 이르러 임금이 말하기를
"중국 사람이 일찍이 나에게 말하기를, '독수리가 강아지를 낳고, 새와 쥐가 한 보금자리에 산다.'고 하니, 그러한 일도 있는지 모르겠다. 공자께서 괴력난신(怪力亂神)을 말씀하지 아니하셨고, 옛적 선비들이 괴상하고 헛된 소리는 떳떳한 도리에 어긋난다고 논하였음은 바로 이것을 이르는 것이다."

라 하였다.

《조선왕조실록》 세종 11년(1429) 1월 21일

어느 날 세종은 경연 도중 중국 사람에게 들은 이 야기를 했다. "독수리가 강아지를 낳고, 새와 쥐가 한 보금자리에 산다."가 그것으로 이렇듯 믿기 힘든 이야기에 대해 세종은 공자는 괴력난신을 이야기하지 않았다며 비판한다. 즉 유교적 기준에 따라 기이한 일을 믿기 힘들다고 이야기했던 것. 마침 당시 경연에 등장한 《서경(書經)》은 공자가 편찬한 책으로 알려졌으니, 신료들과 공자에 대한 이야기를 하다 자연스럽게 괴이한 이야기가 언급된 모양이다.

하지만 아무리 조선 시대라 하더라도 왕에 따라 이런 분위기가 바뀌기도 했다.

효령 대군 이보가 아뢰기를,

"이달 13일에 원각사 위에 노란 구름이 둘러쌌고, 맑은 하늘에 비가 사방에서 꽃피어 이상한 향기가 공중에 가득 찼습니다. 또 상서로운 기운이 회암사에서부터 경도사까지 잇달아 뻗쳤는데, 절에서 일하던 사람과 도성 사람, 사대부 여인들이 이 광경을 보지 않은 자가 없었습니다."

하였다.

어느 해 세조는 종로에 원각사를 창건하기 위해 남다른 관심과 노력을 보였는데, 마침 세종의 형이자 세조의 큰 아버지인 효령대군이 방문하는 곳마다 여러 신묘한 일이 자주 일어났다. 위의 사건이 대표적으로, 상서로운 분위기가 사찰 주변으로 등장한 것이 그것. 덕분에 엄격한 유교적 사관으로 집필하던 《조선왕조실록》에까지 그 기이한 내용이 기록된 것이다.

이처럼 유교 가치관이 남다르던 조선 시대에도 어느 왕이냐에 따라 《조선왕조실록》마저 괴력난신 표현이 등장하기도 안 하기도 했던 것. 즉 괴력난신을 경계하면서도 한편으로 관심을 가지던 당시 분위기를 이해할 수 있겠다. 그렇다면 괴력난신 표현이 적극적으로 등장하는 만파식적에 대해 조선 사람들은 어떻게 생각했을까?

원각사지 십층석탑. 사진 국가문화유산포털

조선 시대 만파식적

조선 시대인 1481년, 한반도의 지리와 역사를 담은 《동국여지승람(東國輿地勝覽)》이 완성된 후 꾸준한 교정, 증보 작업이 계속 진행되다가 1530년, 《신증동국여지승람(新增東國輿地勝覽)》까지 등장하였다. 그런데 《신증동국여지승람》 경주 부분을 찾아보면 마침 만파식적이 등장하니,

《신증동국여지승람》 권7.

신문왕 때에 동해 가운데에 작은 산이 둥둥 떠와서 감은사를 향해 물결에 따라 왔다갔다하였다. 임금이 이상히 여겨 바다에 배를 타고 그 산에 들어가니, 산 위에 한 그루의 대나무가 있었다. 명하여 피리를 만들었더니, 이 피리를 불면 적군이 물러가

고 병도 나았으며, 가뭄에는 비가 오고 장마에는 비가 개며, 바람도 그치고 파도도 잠잠해져서 만파식적이라고 하였다. 역대 임금들이 보배로 여겼다. 효소왕 때 만만파파식적(萬萬波波息笛)이라 이름 붙였는데, 지금은 없어졌다. 옥적(玉笛)의 길이가 한 자 아홉 치이며 그 소리가 맑다. 속설에 동해의 용이 바친 것이라 한다.

라는 내용이 그것이다. 이처럼 경주의 지리와 더불어 여러 이야기를 담는 과정 중《삼국유사》의 만파식적 내용을 요약 정리하여 기록해둔 것. 물론 유교 기준에 따르면 해당 내용이 괴력난신이지만 지리지 성격상 여러 지역에 남아 있는 설화 등도 충실히 담으려 했기에 그대로 기록된 것으로 보인다.

그러나 신화 속 물건인 만파식적은《동국여지승람》과《신증동국여지승람》이 만들어지던 시점에 실물로《조선왕조실록》에 등장하고 있었으니.

승정원에 전교하기를,
"옥적(玉笛)을 어찌 경주에 두는가? 내고(內庫)로 옮겨 간직하는 것이 어떤가?"
하니, 승지들이 아뢰기를,
"신라의 옛것이므로 옛 도읍에 두는 것입니다.

그러나 내고로 옮긴들 무엇이 방해되겠습니까."
라 하였다.

《조선왕조실록》 연산 10년(1504) 8월 16일

이처럼 연산군은 경주에 있는 신라 옥적을 한양으로 옮겨오도록 명한다. 이때 내고(內庫)는 궁궐 물건을 관리하는 창고이므로 경주에 보관되는 옥적을 한양의 궁궐 창고로 옮겼던 것. 그런데 바로 이 옥적이 다름 아닌 만파식적이었으니….

《삼국사기》와 《삼국유사》의 만파식적 이야기에 따르면 섬에 있던 대나무를 베어 피리를 만들었다고 했는데, 이유는 알 수 없지만 오랜 시간이 지나면서 조선 시대에는 만파식적을 옥으로 만든 피리로서 인식하고 있었다. 그래서인지 몰라도 박원형(朴元亨, 1411~1469년), 이석형(李石亨, 1415~1477년) 같은 조선 전기 문신들은 시를 지으며 만파식적을 옥으로 만든 피리라는 의미의 옥적(玉笛)이라 표현했으며, 마찬가지로 지리서인 《신증동국여지승람》에서도 "옥적(玉笛)의 길이가 한 자 아홉 치(약 57cm)이며 그 소리가 맑다."라는 《삼국사기》와 《삼국유사》에는 존재하지 않던 부가 설명을 통해 만파식적을 마치 실제 존재한 것처럼 매우 구체적으로 설명하였다.

이로서 조선 시대에는 나름 옥으로 만들어진 오래된 피리를 역사서에서 사라졌다고 한 신라의 만파식적이라 여기며, 연산군 이전까지 경주에서 보관하고 있었음을 알 수 있다. 그러나 한양으로 올라간 만파식적의 운명은 이 뒤로 더 이상 등장하지 않는다. 아무래도 임진왜란 때 궁궐이 불타며 함께 사라진 듯.

그러다 조선 숙종 시대에 경주 객사의 무너진 담장을 보수하다가 김승학이라는 이가 옥으로 만든 또 다른 피리를 발견한 뒤 몰래 숨긴 일이 발생했다. 그러다 이 사실이 발각되어 1707년 관아로 가지고 왔는데, 이때 경주부윤이었던 이인징(李麟徵, 1643~1729년)은 조선의 피리와 모양이 다른 해당 옥피리를 신라 유물로 여겼다. 이에 압수한 옥피리를 경주 동경관(東京館)에 보관해둔다. 이는 곧 만파식적의 재등장이라 할 수 있겠다.

그리고 시간이 흘러 영조 시대의 일이다.

임금이 말하기를,
"경들은 홍서대(紅犀帶)의 일을 들었는가? 태조(太祖, 이성계)께서 계유년에 호장(戶長; 향리)에게 내리셨는데, 올해가 계유년이니 기이하다."
하매, 원경하가 말하기를,

"신은 듣지 못하였습니다. 안동 권태사의 사당에도 또한 서대(犀帶)가 있는데, 호장이 이것을 띠고 제사 지낸다 합니다."

하였다. 임금이 말하기를,

"그러한가?"

하매, 원경하가 말하기를,

"경주의 옥적도 또한 기이합니다. 조령(鳥嶺)을 넘으면 피리 소리가 나지 않는다 합니다."

라 하였다.

《조선왕조실록》 영조 29년(1753) 12월 8일

이때 영조는 신하들과 '홍서대(紅犀帶)'에 대해 대화하는 중이었다. 홍서대는 물소 뿔로 만든 허리띠로서 1393년 태조 이성계가 삼척에 하사한 물건이다. 이를 오랜 세월이 지나며 잊고 있다가 1753년 삼척부사가 우연히 발견하였고, 이 소식을 들은 영조는 홍서대를 한양으로 가져오라 명한 후 이를 감상하고 다시 삼척으로 돌려보내게 된다.

그런데 이성계가 삼척에 홍서대를 하사한 시기가 계유년이었는데, 육십갑자(六十甲子)가 6번 돌아 360년이 지난 계유년에 마침 이것이 발견되었으니 영조는 이를 기이하다 여긴 것이다. 그러자 왕의 반응에 맞추어 원경하라는 신하가 기이한 여러 일

홍서대. 물소 뿔로 만든 허리띠로서 1393년 태조 이성계가 삼척에 하사한 물건이다. 삼척시립박물관.

을 언급하는 과정 중 경주의 옥적을 언급하였다.

"경주의 옥적도 또한 기이합니다. 조령(鳥嶺)을 넘으면 피리 소리가 나지 않는다 합니다."가 바로 그것.

이처럼 우연치 않게 발견되어 1707년부터 경주에 보관된 만파식적은 문경 고개인 조령을 넘으면 소리가 안 나는 기묘한 피리로서 당시 남다른 유명세를 얻고 있었다. 즉 경상도 밖을 나가면 소리가 나지 않았던 모양. 참으로 묘한 일이라 하겠다.

국립경주박물관과 만파식적

경주(慶州)에 옥적(玉笛; 옥피리) 한 자루가 있는데, 신라(新羅)의 유물(遺物)이다. 다른 사람이 불면 소리가 나지 않고, 오직 경주의 악공만이 소리를 낼 수 있었다. 그러나 또 한 명의 악공이 소리를 잘 내게 되면 다른 악공들은 소리를 내지 못하였고, 그 악공이 죽은 뒤에야 그의 대를 이어서 소리를 낼 수 있는 자가 나왔다고 한다.

나라에서 일찍이 시험 삼아 이 옥적과 옥적의 소리를 잘 낼 수 있는 자를 부른 적이 있는데, 올라오는 길에서 연주할 때는 그 소리가 크고도 깨끗하였다. 그러나 조령(鳥嶺)의 북쪽에 이르자 갑자기 옥적의 소리가 나지 않았다. 서울에 이른 뒤에 많은 상금(賞金)을 걸어놓고 소리를 내게 하였으나, 끝내 소리가 나지 않았다. 이에 옥적을 가지고 돌아가도록 했는데, 조령 남쪽에 도착하여 불어보니 예전처럼 다시 소리가 났다고 한다. 이것이 이른바 신령스럽고 기이하여 따져 물을 수가 없다는 것이다.

이것은 속임수라 하겠다. 내가 그 옥적을 보았는데, 몸체가 퉁퉁하고 관의 구멍이 좁으니, 소리 내기 어려운 게 이상할 것이 없었다. 소리 내기가 어렵기 때문에 다른 사람들이 갑자기 이 옥적을 대하게 되면 소리를 내지 못하는 것이다. 경주의 악공은 어릴 적부터 연습해서 늙을 때까지 전심하여 불었기 때문에 그 기예를 독점할 수 있었던 것이다. 한 악공이 한창 기예를 독점하고 있을 때에는 다른 사람들이 이를 굳이 익히지 않다가, 그가 죽어 기예가 끊어질 즈음이 되어서야 뒤를 이었던 것이니, 그 악공이 죽고 난 뒤에야 옥적을 불 수 있는 자가 나왔다는 것은 터무니없는 말이다.

조령의 북쪽에 이르자 소리가 나지 않았다는 것은 더 심한 속임수이다. "귤(橘)나무가 회수(淮水)를 건너가면 탱자나무[枳]가 되고, 구욕(鸜鵒; 검은뿔찌르레기) 새는 북쪽으로 제수(濟水)를 넘지 못한다."라고 한 이유는, 귤나무와 구욕 새는 식물과 동물의 본성이 있으므로 땅기운이 차고 따뜻함에 따라 달라지게 되어 그런 것이지만, 이 옥적은 단단한 돌로 만든 것인데 어찌 이와 같은 일이 있겠는가.

이것은 교활한 악공이, 조정에서 옥적을 돌려주지도 않고 자신을 억류할까 두려워하여 속임수를 써서 그 말을 신비롭게 꾸며낸 것인데, 사람들은 풀이 바람을 따라 쏠리듯 들은 말을 그대로 믿기만 하고 다시 그 이치를 탐구하지 않는다. 사람들은 또 허탄한 말을 좋아하여 스스로 어리석음에 빠지지 않는 자가 없으므로, 내가 이 때문에 변론(辯論)하는 것이다.

정약용, 《여유당전서》 계림옥적변(鷄林玉笛辨)

어느 날 조선 후기 유학자이자 실학자였던 정약용(丁若鏞, 1762~1836년)은 경주의 옥적, 즉 만파식적으로 알려진 피리에 대한 기이한 소문을 듣고 이를 직접 보며 진실을 확인해본다. 그리고 이를 글로 남겼으니, 위의 내용이 바로 그것. 마치 명탐정 셜록 홈즈처럼 치밀한 논증을 통해 오래된 옥피리에 부여된 여러 기이한 이야기가 잘못된 것임을 주장하고 있는 그의 글을 읽다보면, 정약용의 성격이 절로 느껴지는군. 이성적 논리가 남다른 인물이었음

정약용. 다산기념관.

이 분명하다. 개인적으로 정약용의 이런 해석 방법
을 배우고 싶어질 정도니까.

　하지만 정약용과 동시대 인물이자 경주 지역 학
자인 한문건(韓文健, 1765~1850년)은 "고려 태조가
이 옥피리를 갖고 싶어했으나 조령(鳥嶺)을 넘자 소

리가 나지 않는다."라는 기록을 남기며 신라에 대한 충절을 나타내는 기물로 여겼으니, 정약용의 노력에도 불구하고 여전히 신묘한 피리로 인식하는 사람들이 많았음을 보여준다. 어느덧 고려 태조 왕건까지 전설의 배경으로 등장할 정도로 옥피리에 대한 신묘한 소문의 위력은 갈수록 커져갔으니까.

그러다 만파식적으로 알려진 옥피리는 조선이 역사에서 사라진 뒤부터는 한반도 최초의 근대적 박물관인 이왕가박물관에서 한동안 전시되다가 1929년에 조선총독부박물관 경주분관이 만들어지면서 경주로 돌아갔고, 독립 후 국립경주박물관이 세워지며 그곳에서 보관되기에 이른다. 그 과정 중 여러 학자들이 해당 피리를 연구했으니 신라 것인지 확실하지 않으나 조선 것은 틀림없이 아니고 꽤 오랜 된 피리임이 분명하다는 결론을 짓는다.

현재 국립경주박물관은 길이 55cm와 길이 47cm의 옥피리 두 개를 소장하고 있다. 이중 55cm 옥피리가 1707년 나라에서 압수한 후 쭉 보관한 것이고, 47cm 옥피리는 임진왜란 직후 경주 부윤이 옛 모습을 상고해 새로 만든 것이라 전한다. 특히 55cm의 옥피리는 임진왜란 이전에 존재했다는 한 자 아홉 치(약 57cm)의 옥피리와 길이마저 비슷하다. 문제는 국립경주박물관이 소장하고 있으나 전시를 통해 보

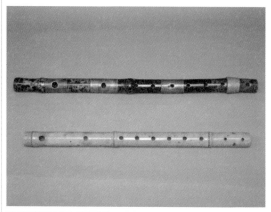

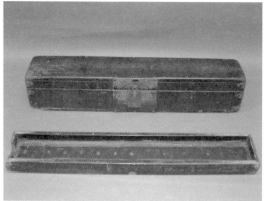

만파식적 옥피리. 국립경주박물관.

여주는 일이 극히 드물어 실물을 보기 힘들다는 점.

　2011년 국립경주박물관에서 "만파식적과 옥피리"라는 이름으로 약 2달 간 전시한 적이 있었는데, 나는 안타깝게도 해당 정보를 늦게 입수하여 보지 못했거든. 그러다 2014년 경주국립박물관을 들렀다가 운 좋게 전시 중인 옥피리를 만날 수 있었다. 당연히 그 모습을 보며 감탄에 빠졌었지.

　이렇듯 신묘한 만파식적에 대한 관심은 신라 옥피리라 부르며 조선 시대 들어와서도 여전했으니, 여러 기묘한 소문이 더 붙을 정도였다. 자~그렇다면 지금부터 만파식적 이야기를 본격적으로 살펴보기로 할까? 원전에 가장 가까운 이야기는 《삼국유사》에 담겨 있으니까 이것을 살펴봐야겠군.

2
《삼국유사》 속
만파식적

《삼국유사》

이제 해 뜰 시간이 다가오니 슬슬 나가볼까. 숙소 문을 여니 바람은 시원함을 넘어 조금 춥게 느껴지는데 파도 소리는 시원하게 귀를 울린다. 그럼 해가 뜨는 것이 잘 보이는 장소로 천천히 걸어가면서 《삼국유사》 이야기를 이어가보자. 사실 숙소에서 바다까지는 걸어서 1분도 안 걸리지만.

《삼국유사》는 현재 대한민국 사람이라면 모르는 사람이 거의 없는 책이 아닐까 싶군. 고려 시대 스님이었던 일연(一然, 1206~1289년)이 청년 시절부터 꾸준히 수집한 자료를 바탕으로 70대 후반에 집필한 역작으로 한반도 역사서 중에서도 손에 꼽히는 명작이라 하겠다. 특히 많은 사료를 수집한 뒤

일연

출처를 각기 밝혀 인용하는 등 고대 사료의 원형을
가능한 그대로 전하는 서술 방법 덕분에 《삼국사
기》에 비해 날것 그대로의 느낌이 강하다. 그만큼
과거 선조의 표현을 가감 없이 만날 수 있어 그들의
생각과 철학을 더욱 깊게 이해할 수 있다.

반면《삼국사기》는 김부식(金富軾, 1075~1151년)의 철학을 바탕으로 유교적 가치에 맞지 않는 표현은 과감히 삭제하며 역사를 정리하였다. 덕분에 유교적 기준에 따른 역사책으로서는 완성도가 높은 반면 아쉬움도 분명 존재한다. 읽다보면 무언가 내용을 더 넣을 수 있었는데 일부러 뺀 느낌이랄까? 그래서인지 읽을 때마다 매번 허전함이 남는단 말이지.

결국 두 책을 함께 살펴보아야 삼국 시대의 모습을 더욱 자세히 이해할 수 있는데, 문제는 조선 시대 들어와《삼국유사》에 대한 평이 무척 야박했다는 점이다. 앞서 만파식적에서도 봤듯이《삼국유사》에 등장하는 여러 괴력난신(怪力亂神) 표현에 대해 특히 부정적인 평가가 많았다. 덕분에 조선 시대에는 《삼국유사》를 불교 가치관을 지닌 이단의 역사서로 규정하고 혹평을 하는 이가 많았지만, 그럼에도 불구하고 은근 꾸준히 읽혔다. 유학자들이 아무리 무시하고 싶어도 결코 무시할 수 없는 매력이 있었던 모양. 마치 숨어서 보고 싶은 책 같은 매력이랄까?

그러다 근대 이후부터《삼국유사》가 다시금 부각되더니, 현대 들어와서는 출판 시장에서 상당한 인기를 누리고 있다. 오죽하면《삼국유사》와 연결되는 책이 매년 꾸준히 나오는 듯. 특히 사료로서의

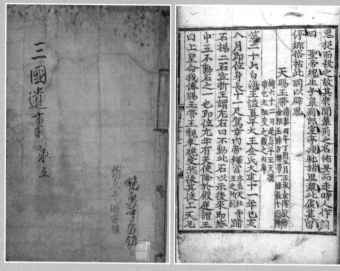

좌│국보《삼국유사》표지. 우│《삼국유사》1권 49~54 천사옥대.

가치도 높아져서 학계에서는 《삼국유사》를 중요한 자료로서 적극 인용하고 해석하는 분위기가 갈수록 강해지는 중이다. 이 과정에서 《삼국유사》에 등장하는 괴력난신 역시 선조들이 남긴 해당 표현의 숨은 의미와 이유를 찾아보고 적극적으로 해석하고 있다. 그렇다. 삼국 시대의 기이한 이야기 역시 어떤 중요한 목적성(目的性)을 지닌 결과물이 분명하거든.

한편 일연은 《삼국유사》 서문에 아예 괴력난신에 대한 자신의 생각을 당당히 밝히고 있다.

무릇 옛날 성인들은 예(禮)와 악(樂)으로 나라를 일으키고 인(仁)과 의(義)로 교화를 펼치는 데 있어, 괴력난신(怪力亂神)에 대해서는 말하지 않았다.

그렇지만 제왕이 일어날 때는, 제왕이 되라는 하늘의 명을 받고 예언을 받는다는 점에서 반드시 일반 사람과는 다른 일이 있는 법이다. 이렇게 된 연후에야 큰 변화를 타고 군왕의 지위를 잡고 대업을 이룰 수 있는 것이다.

그러므로 황하(黃河)에서는 등에 팔괘의 그림이 그려진 용마(龍馬)가 나왔고 낙수(洛水)에서는 등에 글이 새겨진 신귀(神龜)가 나와서, 각각 복희씨와 우임금이라는 성인이 일어났다. 무지개가 신모

(神母)를 둘러싸 복희씨(伏羲氏)를 낳았고, 용이 여등(女登)이라는 여인과 관계를 맺어서 신농씨(神農氏)를 낳았으며, 황아가 궁상(窮桑)의 들에서 노닐때에 자칭 백제(白帝)의 아들이라는 신동과 관계를 갖고 소호씨(小昊氏)를 낳았고, 간적(簡狄)이 알을삼키고 설(契)을 낳았으며, 강원(姜嫄)은 거인의 발자국을 밟고 기(弃)를 낳았고, 요(堯)의 어머니는임신한 지 14달 만에 요를 낳았으며, 큰 연못에서용과 교합하여 패공(沛公; 한나라 고조인 유방)을낳았다. 이후의 일들을 어찌 다 기록할 수 있겠는가?

그러한 즉 삼국의 시조가 모두 다 신비스럽고기이한 데에서 나온 것을 어찌 괴이하다 하겠는가?이것이 기이(紀異) 편을 모든 편의 첫머리로 삼는까닭이며, 그 의도도 바로 여기에 있다.

《삼국유사》 권 1 기이(紀異) 서문

이처럼 일연은 과거 영웅들의 신비한 일화를 일반 유학자들과는 달리 괴력난신으로 보지 않고 대업을 위한 신성한 사건으로 해석하였다. 특히 일연이 남긴 서문 중 "그러므로 황하에서는"부터 "기록할 수 있겠는가?"까지는 다름 아닌 중국의 여러 영웅 신화다. 즉 중국 신화가 그러하듯이 우리 삼국 신화 역시 단순한 괴력난신이 아니라 대업을 위한 신성한 의미를 지닌 사건이라는 뜻. 또한 한반도 사람들이 왜 중국 신화에만 의미를 부여하며 중요하게 여기는지에 대한 통렬한 반문이기도 했다.

이에 지금부터 나 역시 일연의 뜻을 좇아 아무리 괴력난신 표현이라 할지라도 이를 무시하지 않고 그 안에 숨어 있는 의미를 최대한 추적해보고자 한다. 만파식적이라 알려진 신라 옥피리의 기이한 사건을 이성적인 방식으로 재해석한 정약용의 "계림옥적변(鷄林玉笛辨)"처럼. 한 마디로 나 역시 정약용처럼 탐정이 된 느낌으로 만파식적 신화를 재해석해보겠다는 의미. 그럼 고고~

만파식적

    제31대 신문대왕의 이름은 정명(政明)이며, 성은 김씨다. 개요(開耀) 원년(681) 신사(辛巳) 7월 7일에 왕위에 올랐다. 부왕인 문무대왕을 위해 동해 근처에 감은사를 세웠다.

    이듬해 임오(壬午) 5월 초하루에(어떤 책에는 천수(天授) 원년(690년)이라고 했으나 잘못이다.) 해관(海官) 파진찬 박숙청이 아뢰기를, "동해에 작은 산 하나가 물에 떠서 감은사를 향해 오는데, 물결을 따라서 왔다 갔다 합니다."라 하였다. 왕은 이를 이상히 여겨 일관(日官) 김춘질에게 점을 치도록 하였다.

    그가 아뢰기를, "돌아가신 부왕께서 지금 바다

의 용이 되어 삼한(三韓)을 수호하고 있습니다. 또 김유신도 33천의 한 아들로서 지금 인간 세상에 내려와 대신이 되었습니다. 두 성인이 덕을 같이하여 나라를 지킬 보배를 내어주려 하시니, 만약 폐하께서 해변으로 나가시면 값으로 계산할 수 없는 큰 보배를 반드시 얻게 될 것입니다."라 하였다.

왕이 기뻐하여 그달 7일에 이견대로 행차하여 그 산을 바라보면서 사람을 보내 살펴보도록 했더니, 산의 형세는 거북의 머리 같고, 그 위에는 한 줄기 대나무가 있는데, 낮에는 둘이 되고 밤에는 합하여 하나가 되었다. 일설에는 산도 역시 밤낮으로 합치고 갈라짐이 대나무와 같았다고 한다. 보낸 이가 돌아와서 그것을 아뢰니, 왕은 감은사로 가서 유숙하였다.

이튿날 오시(午時, 낮 11~1시)에 대나무가 합하여 하나가 되고, 천지가 진동하며 비바람이 몰아쳐 7일 동안이나 어두웠다. 그달 16일이 되어서야 바람이 잦아지고 물결도 평온해졌다. 왕이 배를 타고 그 산에 들어가니, 용이 검은 옥대(玉帶)를 가져다 바쳤다. 왕이 영접하여 함께 앉아서 묻기를, "이 산과 대나무가 혹은 갈라지기도 하고 혹은 합해지기도 하는 것은 무엇 때문인가?"라고 물었다. 용이 대답하기를,

위 | 이견대.   아래 | 이견대에서 바라보이는 문무대왕릉. 사진 게티이미지

"이것은 비유하자면, 한 손으로 치면 소리가 나지 않고, 두 손으로 치면 소리가 나는 것과 같아서, 이 대나무라는 물건은 합한 후에야 소리가 납니다. 성왕(聖王)께서 소리로 천하를 다스릴 좋은 징조입니다. 대왕께서 이 대나무를 가지고 피리를 만들어 불면 천하가 화평할 것입니다. 이제 대왕의 아버님께서는 바닷속의 큰 용이 되셨고, 유신은 다시 천신(天神)이 되셨는데, 두 성인이 같은 마음으로, 이처럼 값으로 따질 수 없는 보배를 보내 저를 시켜 이를 바치는 것입니다."라고 하였다.

왕은 놀라고 기뻐하여 오색 비단과 금과 옥으로 보답하고 신하를 시켜 대나무를 베어서 바다에서 나오자, 산과 용은 갑자기 사라져 나타나지 않았다. 왕이 감은사에서 유숙하고, 17일에 기림사 서쪽 냇가에 이르러 수레를 멈추고 점심을 먹었다.

태자 이공 즉 효소대왕이 대궐을 지키고 있다가 이 소식을 듣고는 말을 달려와서 하례하고 천천히 살펴보고 말하기를, "이 옥대의 여러 쪽들이 모두 진짜 용입니다."라 하였다. 왕이 말하기를, "네가 어떻게 그것을 아는가?"라 물었다. 태자가 아뢰기를, "쪽 하나를 떼어서 물에 넣어보면 아실 것입니다."라 답했다. 이에 왼쪽의 둘째 쪽을 떼어 시냇물에 넣으니 곧 용이 되어 하늘로 올라가고, 그곳은

용연. 신문왕이 용으로부터 받은 검은 옥대의 쪽 하나를 떼어 시냇물에 넣었더니 곧 용이 되어 하늘로 올라가고 그곳은 못이 되었다고 한다.

못이 되었다. 이로 인해 그 못을 용연(龍淵)으로 불렀다.

왕이 행차에서 돌아와 그 대나무로 피리를 만들어 월성의 천존고(天尊庫)에 간직하였다. 이 피리를 불면, 적병이 물러가고 병이 나으며, 가뭄에는 비가 오고 장마는 개며, 바람이 잦아들고 물결이 평온해졌다. 이를 만파식적(萬波息笛)이라 부르고 국보로 삼았다. 효소왕 대에 이르러 천수(天授) 4년(693) 계사(癸巳)에 실례랑(失禮郎)이 살아 돌아온 기이한 일로 해서 다시 만만파파식적(萬萬波波息

笛)이라고 하였다. 자세한 것은 그 전기에 보인다."

이것이 다름 아닌 《삼국유사》에 등장하는 만파
식적 전체 이야기라 하겠다. 이렇듯 만약 13세기에
일연이 해당 기록을 원전 모습 그대로 남기지 않았
다면 지금의 우리는 12세기 《삼국사기》에 들어간
간략한 만파식적만 겨우 확인하고 있었을 터. 상상
만 해도 눈앞이 캄캄해지며 끔찍해지는군. 이 김에
아예 두 내용을 직접 비교해볼까?

고기(古記)에 이르기를, "신문왕 때 동해 가운데
홀연히 한 작은 산이 나타났는데, 형상이 거북 머리
와 같았다. 그 위에 한 줄기의 대나무가 있어, 낮에
는 갈라져 둘이 되고 밤에는 합하여 하나가 되었
다. 왕이 사람을 시켜 베어다가 적(笛; 피리)을 만들
어, 이름을 만파식(萬波息)이라고 하였다." 한다.
비록 이런 말이 있으나 괴이하여 믿을 수 없다.

《삼국사기》 잡지 음악[樂]

일연이 《삼국유사》를 집필하지 않아 《삼국사기》
의 위 내용만 지금까지 남아 있다면 과연 후대에 사
는 우리는 만파식적에 대해 무엇을 이해할 수 있었

을까? 김부식 표현대로 "참으로 괴이한 이야기로구나."라며 끝났을 가능성이 무척 높았겠지. 그러나 운 좋게 《삼국유사》에 만파식적 전체 이야기가 그대로 남아 있어 만파식적 의미를 풍부하게 분석하고 해석할 수 있는 기회를 얻은 것이다.

그렇다면 당연히 《삼국사기》를 편찬하는 과정에서 이처럼 축소 또는 사장된 기록이 무척 많았던 것으로 추정해볼 수 있겠군. 소위 "군자불어괴력난신(君子不語怪力亂神)과 술이부작(述而不作)"에 입각한다는 유교적 기준에 따라 말이지. 나름 이를 보충하기 위해 《삼국유사》가 우리의 선조가 남긴 기록을 일부 모아 구성되었지만, 그럼에도 아쉬움이 있다. 승려이자 경상북도 경산이 고향인 일연은 자신과 연결되는 신라 및 불교 중심 기록을 충실히 담은 대신 본인이 직접 답사하지 못한 북방계 설화나 구전되던 이야기들은 풍부하게 기록하지 못한 한계가 있거든.

이렇듯 참으로 눈물 나는 한반도 기록 문화의 현실이라 하겠다. 이에 대해 18세기 조선 실학자 안정복(安鼎福, 1712~1791년)은 자신이 집필한 역사서인 《동사강목》에서 다음과 같은 글로 아쉬움을 표현했다.

《삼국유사》는 이단의 괴탄한 설인데도 후세에 전해졌는데, 당시는 어찌 역사를 기록하는 사람이 없어 모두 전하지 않고 없어졌으랴. 대개 이 책은 승려들을 위해 전한 것이므로 바위 구멍 속에 간직하여 병화(兵火)에도 본전할 수 있었던 것인데, 후인들은 그것이라도 남아 있음을 오히려 다행하게 여긴 것이다. 동국(東國; 한반도) 문헌의 없어짐이 이 지경에 이르렀으니 슬프다. 그러므로 옛 사람은 역사를 편찬하여 반드시 명산 석실(石室)에 간직하였으니, 그 병화를 걱정한 뜻이 깊다고 하겠다.

《동사강목》.

안정복은 과거에도 분명 여러 역사 기록이 존재했을 것이나 한반도에 종종 발생하던 침략과 화재로 사라진 반면 《삼국유사》는 사찰에서 잘 보호하여 남게 된 것이라 이야기한다. 그러면서 《삼국유사》라도 남아 다행이라고 사람들이 이야기한다면서 이에 역사서를 쓴 뒤에는 반드시 산에 있는 석실에 간직하도록 해야 한다고 주장했다. 즉 미래에 발생할 전란을 피해 《삼국유사》처럼 바위 구멍에 잘 보관해두자는 의미.

그래서 나도 안정복의 글에서 힌트를 얻어 출판사로부터 작가에게 주는 책을 받으면 내가 소장할 1권을 제외하고 모두 전국 여러 사찰 부처님께 올리고 있다. 시간 틈틈이 사찰을 방문해서 말이지. 한반도의 수많은 전란 속에서도 그나마 기록물을 잘 보관하는 곳이 다름 아닌 사찰임을 역사를 통해 잘 알게 되었거든. 그렇게 운 좋게 200~300년이 지난 시점 사찰에 내 책이 일부 살아남는다면 미래 역사에 내 이름이 작게라도 언급될지 모르니까.

태자에 대한 의문

백제, 고구려 병합에 이은 당나라와의 혈전마저 승리하며 삼한일통을 이룩한 문무왕이 56세로 세상을 떠나자 신문왕이 신라 왕으로 즉위하였다. 한편 신문왕(神文王, 재위 681~692년) 시절이 주요 배경인 만파식적은 다음과 같은 스토리텔링을 보여주고 있다.

신문왕 즉위 후 → 즉위 이듬해인 682년 또는 재위 거의 마지막 시점인 690년 → 작은 산이 감은사 근처 동해 바다에 갑자기 등장했다는 소식을 듣고 → 신문왕이 이견대로 행차하였다. → 작은 산은 거북 머리 모양을 닮았고 → 산 위에는 대나무가 있는데, 낮에는 둘이 되고 밤에는 하나가 되었다. → 왕이 배를 타고 산에 가니 → 용이 등장하여 검은 옥대를 선물로 주었다. → 왕이 대나무가 둘이 되었다가 하나가 되는 이유를 묻자 → 용은 한 손으로 치면 소리가 나지 않고, 두 손으로 치면 소리가 나는 것과 같다고 답한다. → 그러곤 신문왕의 아버지인 문무왕은 큰 용이 되었고, 김유신은 천신이 되었다고 했다. → 신문왕이 대나무를 베고 돌아오자 산이 사라졌다. → 대궐을 지키던 태자가 소식을 듣고 신문왕이 있는 곳으로 말을 타고 달려와서 → 용에게 받은 검은 옥대를 보더니, 장식 하나하나가 진짜 용이라 하였다. → 태자의 말이 진실인지 실험삼아 장식 하나를 떼어 물에 넣자 정말로 용이 되어 하늘로 올라갔다. → 행차에서 돌아온 신문왕은 대나무로 피리를 만들었다. → 피리를 불면 적병이 물러가고 병이 나으며, 가뭄에는 비가 오고 장마는 개며, 바람이 잦아들고 물결이 평온해졌다. → 이에 만파식적(萬波息笛)이라 불렸다. → 이후 태자가 왕이 되자 만파식적은 만만파파식적(萬萬波波息笛)이라 불리게 된다.

이처럼 스토리텔링을 하나하나 구분하여 따라가다 보면 흥미로운 점을 발견할 수 있다. 이야기 속 주인공은 신문왕이 분명하지만 신문왕의 아들인 태자 역시 상당한 역할을 맡고 있다는 점이 그것. 덕분에 은근 태자의 비중이 높은 편이며 이야기 후반부에서는 아예 신문왕 이상의 활약을 보인다.

그런데 《삼국유사》에 따르면 동해에 등장한 작은 산에서 신문왕이 용을 만난 시점이 682년 또는 690년으로 나뉘고 있다. 즉 신문왕 즉위 직후냐 재위 거의 마지막 시점이냐 로 구분되는군. 이때 일연은 각기 다른 사료에 등장하는 두 시점을 모두 기록해둔 채 다만 690년 기록은 잘못된 것이라며 개인적 의견을 표기해두었다. 하지만 나는 꽤 오래 전부터 상반된 두 시점에 대해 큰 의문이 들곤 했다. 왜 하필 신문왕 즉위 직후와 재위 거의 마지막 시점, 이렇게 극명하게 나뉘어 기록이 남겨진 것인지 궁금증이 생겼기 때문.

그러다 만파식적을 곱씹어 읽어볼수록 태자의 활약에 의문이 생겨 더 적극적인 조사에 나서게 된다.

> 원자(元子)가 태어났다. 이날 날씨가 음침하고 어두컴컴하였으며, 천둥과 번개가 심하게 쳤다.
>
> 《삼국사기》 신라본기 신문왕 7년(687) 2월

신문왕의 태자 즉 효소왕에 대해 학계에서는 신문왕 7년(687) 원자가 태어났다는 위의 기록을 바탕으로 687년 출생이라 보는 주장이 강하다. 반면《삼국유사》에서는 또 다른 기록이 존재하니.

> 효소왕은 천수(天授) 3년 임진(壬辰, 692)에 즉위하였는데, 그때 나이 열여섯 살이었다. 장안(長安) 2년 임인(壬寅, 702)에 죽으니 그때 나이 스물여섯 살이었다.
>
> 《삼국유사》탑상 대산오만진신(臺山五萬眞身)

이렇듯《삼국유사》에 따르면 효소왕은 677년생이 되는 것이다. 이에 요즘에는 해당《삼국유사》기록을 신뢰하여 효소왕을 677년 출생으로 보는 학계 의견도 종종 등장하고 있다.

그런데 효소왕의 두 탄생일을 만파식적 기록에 각기 대입하면 큰 문제점이 발생한다.

1. 만일 동해에 등장한 작은 산에서 용을 만난 시점을 신문왕 즉위 직후인 682년으로 본다면 태자는《삼국유사》기록을 바탕으로 보면 6살에 불과하며 학계 다수설이 신뢰하는《삼국사기》기록을 바탕으로 하면 아예 태어나지도 않은 상황이 되고 만다. 정확히는 마이너스 5살이다.

2. 반면 동해에 등장한 작은 산에서 용을 만난 시점을 신문왕 재위 말년인 690년으로 본다면 태자는 《삼국유사》 기록을 바탕으로 보면 14살이며 학계 다수설이 신뢰하는 《삼국사기》 기록을 바탕으로 하면 4살이다.

결국 만파식적에서 마치 성인처럼 묘사된 채 말을 타고 먼 거리에 있는 신문왕을 향해 달려와 자신의 주장을 당당히 편 태자인 만큼 690년이 아니라면 이야기가 성립 자체부터 불가능함을 알 수 있다. 당시에는 나름 15살부터 성인으로 보았기 때문.

이처럼 태자 나이와 연결되는 오류가 있기에 점차 "신문왕이 주인공인 682년 배경의 1차 만파식적 틀에다가 2차로 690년 배경으로 태자를 이야기에 새로이 추가시킨 것이 아니었을까?"라는 합리적 의심이 생겨났다. 즉 682년 신문왕이 동해에 등장한 작은 산에서 용을 만난 이야기가 본래 처음 만파식적 구조였으나, 여기에 시일이 지나 690년 배경으로 다음 왕위를 이을 태자 이야기까지 추가함으로써 만파식적을 신문왕과 효소왕, 부자간 대를 이어 왕권을 상징하는 스토리텔링으로 발전시킨 것이 아닐까 하는 의문이 그것이다.

그 결과 682년과 690년 이렇게 두 가지 시점이 기록된 만파식적이 각각 고려 시대까지 남아 있던 것이 아닐까? 우선은 대충 여기까지 이해한 채 신문왕이 동해에 등장한 작은 산에서 용을 만난 682년 시점과 690년 각각 신라에 어떤 일이 발생했는지 구체적으로 따라가보기로 하자.

웅? 주변을 살펴보자 은근 일출을 보러 나온 사람들이 많이 보이네. 분위기를 보아하니 새해 첫날인 1월 1일에는 진짜 사람이 많겠다.

3
682년 시점

김흠돌의 난

　새벽 5시 35분이 되어 드디어 태양이 바다에서 점차 떠오르고 있다. 오늘도 구름 때문에 완벽한 일출을 보지는 못했지만 그럼에도 붉은 빛의 둥근 구슬이 천천히 올라오는 모습은 말로 표현하기 힘든 장엄함을 가져다준다. 무엇보다 일출과 함께 빠른 속도로 시시각각 변하는 태양의 모습, 그리고 붉은 빛의 구름 및 바다와 대비되듯 검은 빛의 문무대왕릉이 느낌 있게 다가온다. 이윽고 태양은 일출의 비상을 마감하고 강력한 빛을 지닌 채 하늘로 완전히 올라섰다. 이제는 눈이 부셔 감히 태양을 똑바로 쳐다볼 수 없는 상황.

　마찬가지로 681년의 신라 역시 어제 태양이 지듯

위 | 해 뜨기 전 대왕암. 아래 | 대왕암 일출. ©Park Jongmoo

문무왕이 세상을 떠나고 새로운 태양이 뜨듯 신문왕이 즉위하였다. 그런데 신문왕은 눈이 부실 정도로 완전한 해로 올라서기 전 큰 사건을 맞이했으니.

> 소판 김흠돌, 파진찬 흥원, 대아찬 진공 등이 반란을 꾀하였다가 처형당하였다.
>
> 《삼국사기》 신라본기 신문왕 원년(681) 8월 8일

681년 7월 1일, 문무왕이 세상을 떠나고 불과 한 달 정도 지나 신라에 큰 변란이 일어났다. 그것은 바로 '김흠돌의 난'으로 오죽하면 한국사 시험에도 신문왕의 왕권 강화책과 연결시켜 반드시 외우도록 하는 중요 사건이기도 하지. 수능, 공무원 시험, 한국사능력검정 시험 등에 문제로 나올 가능성이 높기 때문. 덕분에 대한민국에서 학교를 다니고 취업 준비한 사람치고 모르는 이가 거의 없을 듯싶군. 아무래도 달달 외우는 한국 시험 문화에 따라 반드시 줄쳐서 공부하도록 강조했을 테니. 참고로 난 공무원 시험을 본 적이 단 한 번도 없음. 다만 주변에 공무원 시험을 보는 사람이 하도 많다보니 들었던 내용이다.

이처럼 시험에 나올 정도로 김흠돌이 유명세를 얻은 이유는 그가 신문왕의 장인이어서가 아닐까

싶군. 신문왕은 태자 시절 김흠돌의 딸과 결혼했었거든. 하지만 난이 제압되면서 김흠돌은 죽음을 맞이했고 그의 딸은 오랜 태자비 생활 뒤 겨우 한 달정도 왕비로 있다가 궁 밖으로 쫓겨나고 말았다.

그런데 왜 김흠돌은 왕의 장인이라는 누가 보더라도 부러운 위치에 있었음에도 난을 일으킨 것일까? 일단 그의 신분과 배경부터 궁금해진다.

우선 처형당할 당시 그의 관등이 소판(蘇判), 즉 신라 3등 관등인 것으로 미루어보아 그의 신분이 진골임을 알 수 있다. 신라는 엄격한 신분제를 운영하였기에 17관등 중 1~5등 관등까지는 매우 드문 몇 사례를 제외하면 왕족이라 불리던 진골만 얻을 수 있었다. 1등 관등 각간 – 2등 이찬 – 3등 잡찬 – 4등 파진찬 – 5등 대아찬이 바로 그것. 덕분에 신라 1~5등 관등을 지닌 인물이 역사 기록에 등장한다면 그가 누구든 단 1초 만에 신분이 진골임을 파악할 수 있는 것이다.

이를 바탕으로 소판 김흠돌과 함께 죽음을 맞이한 파진찬 흥원, 대아찬 진공 역시 진골 신분으로 판단 가능하다. 각각 4등 관등인 파진찬과 5등 관등인 대아찬을 지니고 있기 때문. 이를 미루어볼 때 김흠돌의 난은 진골 귀족이 대거 개입된 사건이었음을 알 수 있다.

하지만 진골 귀족인 김흠돌과 나머지 인원들이 어떤 이유로 문무왕이 세상을 뜨고 얼마 지나지 않아 난을 일으켰는지는 파악하기 쉽지 않다. 《삼국사기》의 남겨진 정보 양에 한계가 있으며 그 내용마저 신라 왕 입장으로 편중된 채 기록되어 있기 때문. 이에 학자들마다 다양한 각도로 해당 사건을 해석하고 있는데, 논문이나 자료집을 살펴보면 정말 수많은 주장이 존재하여 쉽게 정리하기 힘들 정도다. 거의 소설 수준의 상상력이 발휘된 내용마저 있고 말이지.

그럼에도 불구하고 해당 사건을 이해하기 위해서는 그나마 《삼국사기》에 남아 있는 기록만이라도 상세히 살펴볼 수밖에 없겠군.

과인은 보잘것없고 박덕함에도 불구하고 숭고한 기틀을 이어받아 지키느라 끼니마저 거르거나 잊어버리고, 아침 일찍 일어나 밤늦게 잠자리에 들기까지 여러 중신들과 함께 나라를 편안케 하려 하였다. 그런데 어찌 상중에 경주에서 반란이 일어날 줄 생각이나 하였겠는가!

역적의 우두머리 흠돌, 흥원, 진공 등은 관위(官位)는 재능으로 승진한 것이 아니고, 관직은 실상 은전(恩典)을 받아 오른 것임에도 불구하고 처음부터 끝까지 근신하여 부귀를 보전하지 못하였다. 게다가 어질고 의롭지 못하여 마음대로 복(福)과 위세를 지어내고 관료들을 업신여기며 위아래를 속이고 능멸하였다. 근래에 무한한 탐욕스러운 뜻을 거침없이 드러내고, 잔인하고 난폭한 마음을 제멋대로 부렸으며, 흉악하고 간사한 자들을 불러들이고 궁중의 근시(近侍; 왕을 가까이 모시는 신하)들과 교제하여 화란이 안팎으로 통하게 되자, 나쁜 무리들이 서로 도와 기일을 정하여 반역을 꾀하려고 하였다.

과인이 위로는 하늘과 땅의 도움을 받고, 아래로는 조상의 신령스러운 보살핌을 받아 김흠돌 등의 악이 쌓이고 죄가 가득 차서 역모가 탄로나게 되었다. 이는 곧 사람과 신이 함께 버린 바요, 하늘과 땅 사이에 그들이 용납될 수 없는 바였다. 의리를 어기고 풍속을 해치는 것이 이보다 심한 것이 없을 것이다. 이에 군사들을 불러 모아 흉악한 무리들을 제거하려 하자, 혹은 산골짜기로 도망쳐 숨고, 혹은 궁궐의 뜰에 와서 항복하였다. 그러나 가지와 잎사귀 같은 잔당까지 샅샅이 찾아내 모두 처형하였다. 삼사 일 사이에 역적의 우두머리들이 모두 소탕되었다.

부득이한 일로 관리와 백성들을 놀라게 하였으

나 걱정스럽고 부끄러운 마음이야 어찌 한시라도 잊을 수 있으랴! 지금 이미 요망한 무리들이 말끔하게 제거되어 먼 곳이나 가까운 곳 모두에 걱정거리가 없게 되었으니, 불러 모은 군사와 말들을 마땅히 신속하게 돌려보내라. 사방에 포고하여 이 뜻을 알게 하라.

《삼국사기》 신라본기 신문왕 원년(681) 8월 16일

급박하게 돌아가듯 681년 7월 1일 문무왕이 세상을 떠나고, 8월 8일 김흠돌이 처형당한 후, 8월 16일 신문왕은 전국에 교서를 내린다. 위의 내용이 그것. 이를 쭉 읽어보면 무엇보다 상중에 벌어진 일이라 신문왕이 특히 분노했음을 알 수 있다. 물론 위 교서는 신문왕이 직접 쓴 것이 아닌 그의 감정을 그대로 담아 당대 신라 문장가가 논리와 구조에 맞추어 쓴 뒤 왕에게 최종 승낙받은 것일 테지만.

이를 살펴보면

1. 우선 신문왕은 김흠돌 무리의 높은 지위는 그들이 재능으로 얻은 것이 아니며 나라의 특별한 대우임을 강조한다. 즉 국가가 보장한 진골이라는 신분과 더불어 신라 왕의 후원 아래 이들이 높은 지위를 얻은 것임을 언급한 것이다.

2. 그럼에도 김흠돌 무리는 이를 자신들의 당연한 힘과 권력으로 여기고 위세를 함부로 높이며 다른 관료들을 아래로 보았다.

3. 그러다 궁궐에서 왕을 가까이에서 모시는 신하와 적극 교류하며 반란을 일으키고자 했으니, 이것이 탄로 나고 만다.

4. 그 결과 신문왕이 군사들을 불러 모아 김흠돌 무리를 제거하였으니, 이제 나라가 편안하게 되었다.

는 논리 구조를 가지고 있다. 하지만 위 교서는 말 그대로 신문왕의 뜻을 그대로 담은 내용인 만큼 100% 객관성을 담보하지는 못한다. 왕이 원하는 표현에 맞추어 일부 사실을 과장하거나 생략, 기입하여 문장을 썼을 가능성이 높기 때문. 즉 위 교서를 통해서는 난을 일으킨 김흠돌의 입장을 이해하기란 쉽지 않다는 의미이기도 하다.

또 다른 기록들

신문왕의 교서에 따르면 난을 일으킨 김흠돌, 홍원, 진공에 대해 이들이 재능으로 승진한 것이 아니라 주장한다. 덕분에 해당 표현은 마치 이들이 타고난 신분, 즉 진골로 태어났기에 당연하게 승진한 것처럼 이해되기도 한다. 지금 눈으로 본다면 재벌가 자식으로 태어나 별능력도 없이 당연한듯 임원 자리에 오른 재벌 2~3세와 유사한 느낌이랄까?

그러나 내가 《삼국사기》에서 김흠돌, 홍원, 진공에 대한 정보를 살펴보니, 사실 이들은 삼한일통 전쟁에서 적극적으로 활동한 인물이었다. 즉 단순히 타고난 신분이 진골이었기에 높게 승진한 것이 아니라는 의미. 오히려 진골 신분이면서 전장에서도 공을 세웠기에 높은 지위에 이를 수 있었던 것이다.

하나씩 살펴보면 김흠돌은 문무왕 즉위 시점부터 신라 중앙군을 통솔하는 장군으로 임명되었고, 668년에는 고구려 마지막 정벌에 참가했다. 흥원 역시 고구려 정벌에 참가한 데다 신라와 당나라 전쟁에서도 활약했으며, 마찬가지로 진공도 신라와 당나라 전쟁에서 활약한 인물이다. 다만 흥원의 경우 670년 전투 중 퇴각한 일로 사형을 받을 뻔했으나 문무왕에게 사면을 받고 관직에서 물러난 일이 있었다. 하지만 이 역시 김흠돌의 난이 벌어지기 무려 11년 전 일이다.

이렇듯 신문왕은 이들이 신라를 위해 그동안 이룩했던 공은 철저히 무시한 채 단순히 타고난 신분만으로 성장한 인물처럼 일부러 격하시켰던 것이다.

다음으로 신문왕 교서에 따르면 김흠돌 무리가 위세를 함부로 높이며 다른 관료들을 아래로 보았다고 하는데, 차기 왕의 장인이라는 김흠돌의 위치를 보면 이 역시 어느 정도 이해되는 측면이 있다. 진골 신분에 삼한일통 전쟁에서 공을 세웠고 차기 왕의 장인이라는 남다른 위치까지 오른 김흠돌이라면 충분히 다른 진골 및 관료들보다 자신이 위에 있다고 여길 만할 테니까. 솔직히 당장 나부터 차기 왕의 장인이라면 그 자부심이 남달랐을 것 같거든.

하지만 그 다음부터는 정말 큰 문제로 다가온다. 신문왕 교서에 따르면 이들이 왕과 가까운 신하들과 교류하며 반란을 일으키고자 했다는 부분이 그것. 실제로 이와 연결되는 《삼국사기》 기록이 있으니

시위감을 없애고 장군 6인을 두었다.

《삼국사기》 신라본기 신문왕 원년(681) 10월

시위감은 신라 왕을 호위하는 시위부(侍衛府)를 총괄하는 관직으로, 위 기록은 김흠돌의 난이 제압되고 나서 후속 조치로서 빠르게 이루어졌다. 이때 신문왕은 기존 시위감을 없앤 대신 장군 6명을 두는 형식으로 큰 변화를 준다. 또한 시위부 장군 6명은 신라 17관등 중 9등 급찬에서 6등 아찬까지의 인물이 담당하도록 하였으니, 이때 급찬에서 아찬까지는 6두품 관등에 해당했다. 이는 곧 국왕을 호위하는 병력을 정비하면서 국왕과의 친밀도가 중요한 6두품 관등을 지닌 이들에게 통솔되도록 만들었음을 보여준다.

그런데 해당 조치는 신문왕의 교서 중 "궁중의 근시(近侍; 왕을 가까이 모시는 신하)들과 교제하여

무사 토우. 경주 용강동 돌방무덤. 국립경주박물관. ©Park Jongmoo

화란이 안팎으로 통하게 되자"와 연결된다. 그렇다. 당시 김흠돌은 신라 왕의 장인이라는 신분을 십분 활용하여 자신의 딸인 왕비와 연결된 궁궐 내 근시, 즉 시위부와 궁궐 내 인원들 중 일부를 자신의 편으로 적극 끌고 왔던 것. 바로 이 과정이 중간에 알려지면서 신문왕은 이들보다 더 빠르게 군사를 모집하여 김흠돌 무리를 제거할 수 있었다. 그리고 사건의 전말을 안 이상 신문왕은 시위부 조직을 일신하는 개혁을 추진할 수밖에 없었던 것이다.

그렇다면 다시 돌아와 왜 김흠돌은 난을 일으켰던 것일까? 나름 문무왕 시절만 하더라도 공신(功臣)급 위치에 있었으며, 신문왕의 장인인지라 한반도의 큰 전쟁이 마무리된 만큼 가만히 있어도 상당한 대우가 가능했을 텐데 말이지. 그나마 구체적 내용이 남아 있는 반란 과정과 달리 난을 일으킨 원인에 대해서는 거의 남아 있지 않아 아쉽지만, 마침 다음과 같은 기록이 있어 그 실마리를 찾아볼 수 있다.

왕이 태자였을 때에 그녀를 맞아들였으나 오래도록 아들이 없었고

《삼국사기》 신라본기 신문왕 원년(681) 7월

이를 미루어볼 때 김흠돌은 불안한 상황이었을지도 모르겠다. 자신의 딸이 신문왕과 결혼한 지 오래였으나 아직 아들이 없었기 때문. 이는 곧 신문왕이 다른 여성을 통해 아들을 낳는 순간 그동안 누려왔던 장인으로서 얻은 권력과 지위가 신기루처럼 사라질 수 있음을 의미했다.

뿐만 아니라 날카로운 표현의 교서를 보면 느낄 수 있지만 신문왕은 태자 시절 때부터 이미 김흠돌 및 그의 세력을 견제하려는 마음을 지니고 있었던 것 같다. 그 결과 그동안 자신을 지지해주던 문무왕이 세상을 떠나자 김흠돌은 급한 마음이 생겨났고 그것이 난으로 이어졌을 가능성이 있다. 그럼에도 불구하고 굳이 정당성을 얻기 힘든 상중에 난을 일으킨 이유 등 퍼즐이 완전히 맞춰지지 않지만 부족한 대로 지금은 이 정도로 정리하고 넘어가자.

새로운 혼인

　만파식적 이야기의 배경이 되는 682년을 기준으로 681년에는 김흠돌의 난, 683년에는 신문왕의 혼인이 있었다. 그만큼 두 사건은 만파식적의 682년 배경을 이해하는 데 있어 매우 중요한 사건이지. 그렇다면 지금부터는 신문왕의 혼인을 살펴보기로 하자.

　일길찬 김흠운의 작은 딸을 맞아들여 부인(夫人)으로 삼고자 하여, 먼저 이찬 문영과 파진찬 삼광을 보내 날짜를 정하고, 대아찬 지상에게 납채(納采; 신부 집에 예물을 보내며 혼인을 구하는 의례)하게 하였다. 예물로 보내는 비단이 15수레, 쌀,

술, 기름, 꿀, 장, 메주, 포(脯), 젓갈이 135수레이고,
벼가 150수레였다.

《삼국사기》 신라본기 신문왕 3년(683) 2월

681년, 왕비였던 김흠돌의 딸을 궁 밖으로 내친
후 시간이 지나 683년, 신문왕은 새로운 혼인을 준
비하였다. 그런데 그 과정이 《삼국사기》에 무척 상
세히 남아 있으니, 이 혼인 절차를 신문왕이 아주 중
요하게 여겼음을 보여준다. 어느 정도냐면 왕비를
들이는 과정을 이처럼 상세히 기록으로 남긴 경우
가 《삼국사기》에는 이 사건 외에 찾기 어려울 정도
니까.

이처럼 신라 시대 혼인 과정을 알려주는 매우 드
문 기록인 만큼 우리도 한 번 따라가보자.

우선 신라 왕은 신부 집안에 사람을 보내어 날짜
를 정하고 다음으로 납채(納采)를 진행하도록 했으
니, 이때 신랑 집에서 신부 집으로 보낸 예물은 비단
15수레, 여러 음식이 135수레, 벼가 150수레에 이르
렀다. 자~ 해당 문장을 읽자마자 눈을 감고 한 번 상
상해볼까? 결혼 예물을 보내기 위해 신라 왕궁에서
출발하여 신부 집까지 무려 300대의 수레가 이동하
는 모습을… 또한 이 당시 수레는 말과 소가 끌었
기에 당연히 최소 300마리 이상의 소와 말이 동원되

었을 것이다. 물론 수레를 이끄는 사람 숫자 역시 이를 훌쩍 넘었겠지.

이처럼 신문왕은 이번 혼인 절차를 경주 내 누구든지 관심을 가지고 구경할 수 있도록 큰 행사로 개최한 것이다. 이를 통해 왕실의 부(富)와 권위를 보여주고 더불어 새로 맞이하는 왕비에게 크게 힘을 실어주려는 의도였다. 그리고 시간이 얼마 지나지 않아 혼인을 위한 다음 절차가 진행된다.

이찬 문영·개원을 보내 김흠운 집에 이르러 작은 딸을 부인(夫人)으로 책봉하였다. 그날 묘시(卯時, 오전 5~7시)에 파진찬 대상·손문, 그리고 아찬 좌야·길숙 등을 보내, 각자의 아내와 딸 및 양부(梁部)와 사량부(沙梁部) 두 부의 여인 각각 30인씩과 함께 부인을 맞아오게 하였다.

부인이 탄 수레의 좌우에 시종과 관인(官人) 및 여인들이 매우 많았다. 수레가 왕궁의 북문에 이르자, 부인이 수레에서 내려 궁궐 안으로 들어갔다.

《삼국사기》 신라본기 신문왕 3년(683) 5월 7일

납채가 마무리된 후 3개월 정도 지나 새로운 왕비는 드디어 부인(夫人)으로 책봉되었다. 지금은 부인이라는 용어를 결혼한 여성이라면 누구든 사용

문관 토우. 경주 용강동 돌방무덤. 국립경주박물관. ⒸPark Jongmoo

가능하지만 과거에는 그렇지 않았다. 고대 중국에서 천자의 비(妃) 또는 제후의 아내를 이르던 말로 시작된 부인을 신라도 도입하여, 고귀한 핏줄의 여인에게 주는 명칭으로 활용하였거든. 예를 들면 김유신의 어머니인 만명부인(萬明夫人), 김유신의 처인 지소부인(智炤夫人) 등이 대표적이다. 즉 한때 왕비뿐만 아니라 상위 권력층 여인에게 주는 명칭이었던 것.

이처럼 신라 시대에 부인으로 책봉되었다는 것은 이것만으로도 상당한 권위를 지닌 여인이 되었음을 의미했다. 그리고 신문왕은 경주 6부 중 양부, 사량부의 여인을 각각 30인씩 총 60명을 새로운 왕비를 모시는 일에 지원하도록 명하였다. 고위층의 아내와 딸을 동원하여 앞으로 여러 귀족 여성들을 이끌 왕비를 먼저 접하고 궁으로 모셔오도록 한 것이다. 이번에도 눈을 감고 상상해보자. 화려한 비단옷을 입은 60명의 여인들은 당연히 자신들을 따르는 여러 시종들과 함께 왕비가 될 부인을 찾아왔을 테다. 그런 만큼 수백 명의 사람들이 왕비를 둘러싸고 이동하는 모습으로 상상할 수 있겠다. 이 역시 수레 300대가 이동하던 모습과 비교될 만한 화려한 행차였던 것.

경주 사람들이 가득 모여 구경하는 화려한 행차

여인상. 경주 용강동 돌방무덤. 국립경주박물관. ⓒPark Jongmoo

를 따라 새로운 왕비가 왕궁 북문에 도착하였다. 이 윽고 행사의 주인공 왕비는 수레에서 내려 왕궁으로 들어가며 일반 경주 사람들에게 보이는 쇼는 마무리되었다. 궁에 들어가서도 여러 엄격한 혼인 절차가 이어졌겠지만 아쉽게도 이 부분까지는 기록에 남아 있지 않군. 하지만 이와 같은 과정을 통해 새로운 왕비가 세워졌으니, 이제 신라 왕실은 왕과 왕비가 함께하는 완전한 모습을 되찾았다.

한편 이 화려하고 격식 있는 결혼식에도 의문점이 존재한다. 당시 새로운 왕비가 된 인물의 나이가 바로 그것. 기록에 따르면 이때 최소 30살에 가까운 것으로 보이기 때문. 즉 당시 기준으로 볼 때 첫 결혼으로는 무척 나이든 시점이라는 것이다. 지금과 달리 과거에는 10대 중후반 나이면 보통 결혼을 했으니까. 그렇다면 지금부터는 이 부분을 조사해볼 차례겠지.

왕비가 된 김흠운의 딸

신문왕의 새로운 왕비는 역사에 신목왕후(神穆王后)로 기록된, 일길찬 김흠운(金歆運)의 딸이다. 그런데 일길찬은 신라 17관등 중 7등에 해당하니, 이는 곧 6두품 관등이다. 앞서 관등을 보면 그의 신분을 알 수 있다고 한 만큼 신목왕후의 아버지인 김흠운은 6두품이라는 의미일까? 엄격한 신분제를 유지하던 신라에서 그 누구도 아닌 신라 왕이 6두품 출신 왕비를 얻는 일은 결코 없었겠지만 한편으로 의문이 드니 한 번 살펴보자.

김흠운은 내물왕의 8세손이다. 아버지는 잡찬(迊湌) 달복이다.

이처럼 김흠운은 내물왕의 8세손이었으며, 그의 아버지는 신라 관등 3등인 잡찬에 이르렀다. 이는 곧 김흠운 아버지인 김달복의 경우 관등이 3등으로서 17관등 중 1~5등 관등까지는 굉장히 드문 경우를 제외하면 왕족이라 불리던 진골만 얻을 수 있었기에 99.99% 진골임을 알 수 있다. 이렇듯 역사서에 등장한 신라 1~5등 관등을 지닌 인물을 진골로 파악하는 것은 오직 최고위층에 오른 진골 신분에게만 가능한 방법이라 하겠다.

반면 6두품 관등은 6두품뿐만 아니라 당연히 진골도 얻을 수 있었기에 단순히 6두품 관등만으로는 그가 진골인지 6두품인지 파악하기란 쉽지 않은 일이다. 그런 만큼 인물의 배경을 전체적으로 파악해 보아야겠지.

김흠운은 어려서 화랑 문노의 문하에서 놀았다. 그때 무리들이 아무개는 전투에서 전사하여 이름을 지금까지 남겼다고 말하자, 김흠운이 매우 슬퍼하면서 눈물을 흘리고 마음을 북돋우어 전사한 이를 흠모하는 모습을 보였다. 이를 보고 동문의 승려 전밀이

"이 사람이 만약 전쟁에 나간다면, 반드시 돌아오지 않을 것이다."라고 말하였다.

영휘(永徽) 6년(655) 태종 대왕(太宗大王, 김춘추)이 백제가 고구려와 더불어 변방을 막으니 분하게 여겨, 이를 공격하고자 하였다. 군사를 출동할 때 김흠운을 낭당(郞幢) 대감(大監)으로 삼았다. 이에 그는 집안에서 편히 자지 않고 비바람을 맞으며, 병사들과 더불어 고락을 함께하였다.

백제 땅에 다달아 양산 아래에 군영을 설치하고, 나아가 조천성을 공격하고자 했다. 백제인들이 밤을 틈타 민첩하게 달려와 새벽녘에 성루를 따라 들어오니, 우리 군사가 놀라서 엎어지고 자빠졌다. 적들이 혼란을 타서 급하게 공격하니, 화살이 비오듯 날라왔다.

김흠운이 말을 비껴 타고 창을 잡고 적을 기다리니, 대사(大舍) 전지가 달래기를,

"지금 적이 어둠 속에서 일어나 아주 가까운 거리를 구별할 수 없어, 공이 비록 죽더라도 알아줄 사람이 없습니다. 하물며 공은 신라의 귀한 신분으로 대왕의 사위입니다. 만약 적군의 손에 죽으면 백제의 자랑 거리가 될 것이고, 우리들의 깊은 수치가 될 것입니다."라고 하였다.

그러자 김흠운은

"대장부가 이미 몸을 나라에 바쳤으면, 사람이 그것을 알아주고 알아주지 않는 것은 중요하지 않다. 어찌 감히 이름을 구하겠는가?"라고 말하고, 꿋꿋하게 서서 움직이지 않았다. 따르던 자가 말고삐를 잡고 돌아가기를 권하였으나, 김흠운은 칼을 뽑아 휘두르며 적과 싸워 몇 사람을 죽이고 그도 죽었다.

이에 대감(大監) 예파와 소감(少監) 적득도 백제군과 싸우다 죽었다. 보기(步騎) 당주(幢主) 보용나는 김흠운이 죽었다는 소식을 듣고,

"그는 귀한 신분으로 영화로운 자리에 있어 사람들이 아끼는 바인데도 오히려 절개를 지켜 죽었다. 하물며 보용나는 살아 있더라도 이익이 되지 않고 죽어도 손해되지 않는 존재이다."고 하였다. 마침내 적에게 달려 나가 서너 명을 죽이고 그도 죽었다.

태종 대왕이 이 소식을 듣고 매우 슬퍼하였고, 김흠운과 예파에게는 일길찬(一吉湌), 보용나와 적득에게는 대나마(大奈麻)의 관등을 추증하였다. 당시 사람들이 이 소식을 듣고 양산가(陽山歌)를 지어 그들을 애도하였다."

《삼국사기》 열전 김흠운

김흠운은 불리한 전투 상황임에도 후퇴하지 않고 끝까지 싸우다 죽어 그 이름을 남겼으며, 신라 사람들은 '양산가(陽山歌)'라는 노래를 지어 애도하였다. 이처럼 신라는 고위층부터 목숨을 초개처럼 버리는 용맹한 이들이 무척 많았기에 백제, 고구려를 넘어 최강대국 당나라에게까지 승리를 거둔 것이 아닐까 싶다.

　　그런데 위의 내용을 읽어보면 당시 김흠운은 화랑 출신이자 누구에게나 귀한 신분으로 잘 알려졌으며 또한 태종무열왕, 즉 김춘추의 사위이기도 했다. 그렇다면 1. 김흠운의 아버지가 진골이고 2. 김흠운은 진골만 될 수 있던 화랑이자 귀한 신분으로 널리 알려진 데다 3. 김흠운의 딸은 신문왕과 결혼하여 왕비가 되었으니, 김흠운의 신분 역시 분명 진골임을 파악할 수 있다. 결국 진골임에도 6두품 관등에 불과했던 것은 그가 젊은 나이에 죽음을 맞이했기 때문에 더 이상 승진을 할 수 없어 생긴 결과였던 것.

　　한편 위 이야기에 따르면 김흠운은 655년 백제와의 전투 중 전사하였으니, 여기서 의문점이 발생한다. 삼한일통을 이룩하며 한반도의 큰 전쟁이 마무리된 시기인 683년, 그의 딸이 신문왕의 왕비가 되었으니 말이지. 이는 어느덧 김흠운이 죽은 지 28년이 지난 시점이었다. 그렇다면 신목왕후(神穆王后)는 만일 유복자, 즉 어머니 뱃속에서 태어나기 전에 아버지를 여읜 아이라 할지라도 왕비가 될 당시 최소 27살이었다는 의미다. 더 나아가 김흠운이 전장에 나가기 전 안아준 추억이 있는 딸이라면 최소 30살에 가깝다는 의미.

덕분에 학계에서는 나이를 보아 신목왕후 역시 재혼이 아닐까 하는 추정마저 존재하며 당연히 이처럼 당시 기준으로 꽤 나이가 많은 여성과 화려한 결혼식을 올린 신문왕의 의도에 대해 다양한 해석이 있다. 그런데 주목할 부분은 김흠운이 다름 아닌 태종무열왕의 사위라는 점이다.

이를 바탕으로 가계도를 그려보자.

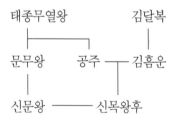

그렇다. 신문왕과 신목왕후는 서로 사촌 간이었던 것. 이렇듯 신문왕은 장인인 김흠돌이 일으킨 난

때문인지 몰라도 새로운 왕비로 오래 전 아버지가 죽어 거대한 외척 가문으로 성장하기 힘든 신목왕후를 선택한 것이다. 또한 근친으로서 꽤 가까운 핏줄이었던 만큼 이 역시 믿음을 줄만 했지. 지금의 눈과 달리 신라에서는 근친혼이 중요한 문화 중 하나였기에 당연히 큰 문제가 되지 않았거든.

그렇게 혼인한 신목왕후는 신문왕과의 사이에서 최소 아들 2명, 많게는 4명을 낳았다. 만파식적에 태자로 등장하는 효소왕, 효소왕의 동생이자《삼국사기》에 효소왕과 같은 어머니를 둔 동생으로 기록된 성덕왕, 다음으로《삼국사기》에 성덕왕의 동생으로 기록된 김근질(金根質), 김사종(金詞宗) 등이 그들이다. 해당 기록에 따르면 효소왕과 성덕왕은 100% 신목왕후의 아들이 맞고 김근질, 김사종 역시 성덕왕의 동생이라 기록되어 있는 만큼 신목왕후의 아들일 가능성이 100%는 아니더라도 비교적 높다 하겠다. 그리고 신라 왕위는 신문왕 – 효소왕 – 성덕왕으로 이어졌다. 즉 효소왕과 성덕왕은 형제 간 왕위 계승이 이루어졌던 것이다.

이처럼 신문왕의 외척에 대한 불안과 근친 결혼을 통해 권력 누수를 막으려는 의도는 충분히 이해되지만, 그럼에도 불구하고 30살 가까운 여인과 결혼한 것에 의문이 완전히 풀린 것은 아니다. 혹시 여기에는 또 다른 이유가 있지 않았을까?

효소왕의 나이

　시원한 바닷바람을 즐기며 문무대왕릉을 충분히 구경하고 숙소로 들어왔다. 슬슬 아침을 먹어야 하거든. 오늘 아침은 지금 막 편의점에서 사온 샌드위치 2개와 토마토 주스다. 그럼 아침을 먹으며 이야기를 이어가보자.

　지금까지 신문왕의 장인인 김흠돌이 난을 일으킨 이유, 그리고 신목왕후가 신문왕의 새로운 결혼 상대가 된 이유를 가능한 학계 다수설의 주장을 기반으로 펼쳐보았다. 그러나 무언가 깔끔하게 정리된 느낌이 아니다. 조금 억지스럽고 부자연스러운 부분이 느껴지니까. 예를 들면 김흠돌은 어째서 문무왕 사후 불과 한 달도 되지 않은 시점에 급박하게 난을 일으켰는지, 그리고 신목왕후의 혼인 당시 나이가 30살에 가까웠던 이유 등이 대표적이다. 이러한 부자연스러움을 매번 고민하면서 나는 김흠돌과 신목왕후, 이렇게 두 사람 사이에 무언가 중요한 비밀이 숨어 있다는 생각을 오래 전부터 하곤 했다.

결국 이 부분의 해결 열쇠는 다시 돌아와 신문왕 아들인 효소왕의 탄생 시점과 연결된다. 앞서 《삼국유사》 속 만파식적을 소개하면서 잠시 언급했는데, 그럼 여기서 마저 정리해볼까? 현재 학계의 다수설은 효소왕의 탄생에 대해

원자(元子)가 태어났다.

《삼국사기》 신라본기 신문왕 7년(687) 2월

라는 《삼국사기》 기록을 바탕으로 위 기록 속 원자를 효소왕으로 보아 687년 출생이라 보는 주장이 강하다. 다만 《삼국사기》에는 결코 "원자 = 효소왕"이라 기록하지 않았다. 기본적으로 원자라는 뜻에 정실부인 사이에 태어난 왕의 맏아들이라는 의미가 있는 만큼 학계에서는 오래 전부터 당연하듯 그리 해석해온 것이다.

하지만 《삼국유사》에는 또 다른 기록이 존재하니.

효소왕은 천수(天授) 3년 임진(壬辰, 692)에 즉위하였는데, 그때 나이 열여섯 살이었다. 장안(長安) 2년 임인(壬寅, 702)에 죽으니 그때 나이 스물여섯 살이었다.

《삼국유사》 탑상 대산오만진신(臺山五萬眞身)

이에 따르면 효소왕은 677년생이 되는 것이다. 한편 학계에서는 그동안 《삼국유사》의 위 기록을 신뢰하지 않는 분위기였으나, 근래 들어 《삼국유사》의 효소왕 탄생 시기를 올바른 기록으로 보고 새롭게 신라사를 해석하는 주장이 점차 나타나는 중이다.

문제는 두 탄생 시기 차이가 딱 10년인 만큼 바로 이 10년 차이로 역사 해석이 크게 달라지고 만다는 것. 무엇보다 오랜 기간 효소왕의 687년 탄생설을 기반으로 수많은 논문이 구성되었는데, 이 틀이 뿌리부터 흔들릴 수도 있어 여러 고민점이 있는 모양이다. 그런 만큼 나 역시 조심스럽게 살펴보고자 한다.

자~ 다시 살펴보면 김흠돌이 난을 일으킨 시점은 681년이고, 신목왕후가 신문왕의 새로운 왕비가 되는 시점은 683년이다.

즉 학계 다수설인 687년 탄생설에 따른다면 난을 제압하고 새로운 왕비를 세운 뒤 효소왕이 태어나는 등 얼추 순리에 맞는 흐름을 보이지만, 우선 그의 형제가 3명 이상인 것부터 부딪친다. 신문왕은 692년 죽음을 맞이하기에 효소왕 탄생 이후 5년 동안 무려 동생 3명을 낳은 것으로 되니까. 물론 물리적으로 불가능한 것은 아니지만 무언가 부자연스럽지. 덕분에 학계에는 신문왕 아들들에 대해 여러 주장이 존재하는데, 오죽하면 "왕비의 자리에서 쫓겨난 김흠돌의 딸에게 아들이 있었다.", "효소왕과 성덕왕은 서로 다른 어머니를 둔 신문왕의 아들이다." 등 《삼국사기》 기록마저 부정하는 해석까지 존재할 정도다.

기존 학계에서는 김흠돌이 난을 일으킨 시점과 혼인 시 신목왕후의 나이에 대한 의문처럼 일반적이지 않은 상황을 여러 주장으로 이해시키고자 하지만 '하필 왜?'라는 의문은 여전하다는 의미.

반면 근래 학계에서 조금씩 주목받고 있는 《삼국유사》 기록대로라면 효소왕은 677년 태어났으니 김흠돌이 난을 일으킬 때는 이미 5살 어린아이였고, 신목왕후 역시 왕비가 되기 전 효소왕을 낳은 것으로 해석할 수 있다. 실제로 나 역시 관련 논문을 읽고 이를 바탕으로 당시 역사 기록을 살펴보니 꽤 자연스럽게 이야기가 이어지더군.

그렇다면 신목왕후는 왕비가 되기 이전에는 본래 후궁 신분이 아니었을까? 실제로《삼국사기》에는 드물지만 후궁에 대한 기록이 분명 존재하거든.

아찬(阿湌) 김주벽의 딸을 후궁으로 들였다.

《삼국사기》신라본기 애장왕 3년(802) 4월

이처럼 신라 시대에도 일부일처제가 아닌 후궁 제도가 있었던 것이다. 이때 후궁의 아버지인 김주벽의 경우 아찬이라 하여 6두품 관등을 지니고 있는 만큼 진골 또는 6두품 신분으로 볼 수 있겠지. 그런데 이런 후궁에게 신라 왕의 총애가 남다를 때는 왕비의 질투가 발생하기도 했으니.

파진찬 영종(永宗)이 반역을 꾀하다가 죽임을 당하였다. 이보다 앞서 영종의 딸이 후궁으로 들어왔는데, 왕이 그를 몹시 사랑하여 총애가 날로 더하자 왕비가 이를 질투하여 집안 사람들과 모의하여 그녀를 죽였다. 영종은 왕비의 친족들을 원망하였는데 이로 인해 반역을 일으킨 것이다.

《삼국사기》신라본기 효성왕 4년(740) 8월

파진찬은 신라 17관등 중 진골만 승진이 가능한 4등이니 영종이 진골임을 알 수 있다. 하지만 그의 딸이 신라 왕의 후궁이 되어 총애가 높아지자 이를 안 왕비가 집안 사람과 모의하여 죽이고 말았다. 이에 영종은 후궁이었던 딸에 대한 원수를 갚고자 반역을 일으켰다가 오히려 죽음을 맞이한다.

그런데 위 기록의 효성왕 역시 당시 왕비에게 아들이 없었다는 사실. 즉 왕비는 아들이 없는 상황에서 신라 왕이 진골 출신 후궁을 총애하니 이를 시기하여 집안 사람과 모의하여 공격을 감행했던 것이다. 무엇보다 왕비 눈으로 볼 때 진골 출신 후궁은 신분마저 하자가 없던 만큼 더욱 문제가 될 수밖에 없었다. 만일 후궁에게서 진골 신분의 왕자가 탄생하는 순간 이는 곧 자신의 가문 몰락과도 연결되는 일일 테니까.

그런데 해당 사건을 신문왕 시대와 비교하면 유사한 구조가 그려진다. 문무왕 사후 김흠돌의 딸은 왕비가 되었지만 아들이 없는 상황에서 신문왕의 진골 출신 후궁에게는 진골 신분의 아들이 존재했다. 이 정도면 새로운 신라 왕 즉위와 함께 궁궐 내 세력 구도가 빠르게 바뀔 가능성이 높은 만큼 문무왕 사후 불과 한 달 정도 되는 시점임에도 김흠돌이 실력 행사를 보일 충분한 원인이 될 수 있다. 다만 효성왕의 왕비 가문과 달리 김흠돌의 계획은 실패로 돌아가면서 오히려 반역자로 죽음을 맞이한 것이 다를 뿐이다.

뿐만 아니라 신목왕후가 왕비가 될 때 30살에 가까운 것도 충분히 설득력이 있다. 신문왕의 태자 시절에 어린 나이로 이미 후궁이 되었기 때문. 그런 만큼 신문왕은 본래 후궁 신분이었던 신목왕후를 예우하고자 결혼 과정을 떠들썩하게 큰 행사로 치른 것이며, 이를 통해 후궁이 왕후가 되는 보기 드문 사건을 제도적으로 포장한 것이다. 유독 신문왕과 신목왕후의 결혼 과정이 상세하고 큰 규모로 기록에 남은 이유 역시 이 때문으로 해석할 수 있겠지. 당시 신라 사람들에게는 마치 조선 숙종 시대 인현왕후와 대립하여 후궁 신분으로 왕후가 된 장희빈과 비슷한 느낌으로 다가왔을 테니까.

더 나아가 687년 원자에 대한 기록도 나름 해석이 가능하다. 신목왕후가 후궁이 아닌 왕후, 즉 정실부인이 된 이후 처음으로 낳은 아들이 687년생이었기 때문. 이에 신라 왕과 정실 부인이 된 신목왕후 사이에 태어난 의미 있는 아들인 만큼 특별히 원자라 불렸던 것이다. 그렇다면 이때 원자는 효소왕의 동생인 김근질, 김사종 중 한 명이었을 것이다. 《삼국유사》에 따르면 성덕왕 역시 효소왕보다 불과 네 살 아래였기에 어머니가 후궁 시절 태어났으니까.

한편 신문왕이 태자를 책봉할 때 기록은 다음과 같다.

> 봄 3월 1일에 왕자(王子) 이홍(理洪)을 태자로 봉하였다.
>
> 《삼국사기》 신라본기 신문왕 11년(691)

그는 이름의 한자가 다르게 표기되었지만 《삼국유사》의 만파식적에 등장하는 태자 이공(理恭)과 동일한 인물로서 효소왕이다. 그런데 태자로 봉해질 때 그의 신분을 《삼국사기》는 분명 왕자라 기록하고 있거든. 오히려 다수 학계의 주장대로 당시 그가 원자(元子)였으면 원자 이홍을 태자로 봉했다고 했겠지 굳이 왕자(王子)라 표기했을까?

예를 들면

> 원자(元子) 법민(法敏)을 태자로 삼고
>
> 《삼국사기》 신라본기 태종무열왕 2년(655) 3월

라는 기록을 통해 알 수 있듯이 이름이 김법민이었던 문무왕의 경우 왕자가 아닌 원자라는 신분으로 태자가 되었거든.

이렇듯 내 개인적으로는 여러 번 기록을 읽고 읽어본 결과 논리적 흐름으로 볼 때 효소왕이 677년 탄생했다는 《삼국유사》 기록을 더 신뢰할 수밖에 없더군. 그런 만큼 지금부터 나의 설명은 효소왕이 677년에 탄생한 것으로 정리한 채 진행하도록 하겠다.

　　음. 요즘 편의점 샌드위치는 가격이 비싼 만큼 참 맛있네. 웬만한 빵집 못지않음. 천천히 음미하며 아침도 다 먹었고 이제 가볍게 샤워를 해야겠다. 그리고 조금 휴식을 취한 뒤 오전 7시 20분쯤 감은사지로 떠날 예정. 여름이 끝나가고 가을이 오는 시기인지라 아침은 시원하지만 오후는 어떨지 걱정이네. 솔직히 경주의 여름은 너무 더우니까. 옛 신라 사람들은 남다른 더위를 자랑하던 경주의 여름을 어떻게 견뎠는지 만파식적 이야기만큼이나 정말 궁금하다.

4

1차 만파식적

용이 된 문무왕

7시 20분, 숙소에서 나와 감은사지로 걸어간다. 20분 정도 슬슬 걸어가면 되거든. 다행히 아침이라 선선하다. 근처 바닷바람도 시원하고 말이지. 이렇게 주변을 구경하며 걸어가면서 만파식적을 1차로 정리해보자. 즉 682년 시점 만파식적 이야기다.

《삼국유사》만파식적에는 용이 된 문무왕이 등장한다. 바다의 큰 용이 된 문무왕이 자신을 따르던 작은 용을 동해로 보내 신문왕을 맞이하는 장면이 그것. 실제로도 신라에서는 문무왕이 죽어서 용이 되었다는 신화가 꽤 유명했던 모양이다.

가을 7월 1일에 왕이 죽었다. 시호를 문무(文武)

라 하였다. 여러 신하들이 유언에 따라 동해 입구의 큰 바위 위에서 장례를 치렀다. 세속에 전하기를, 왕이 변하여 용이 되었다고 하므로, 그 바위를 가리켜서 대왕석(大王石)이라고 한다.

《삼국사기》 신라본기 문무왕 21년(681) 7월 1일

오죽하면 《삼국유사》뿐만 아니라 《삼국사기》에도 문무왕이 용이 되었다고 전하고 있으며, 그의 장례를 치른 장소를 동해의 큰 바위라 하여 대왕석이라 불렀다고 한다. 현재 경주 대왕암이 그곳으로 알려져 있지. 흥미로운 점은 어느 날 대왕암 근처에서 학창 시절을 보낸 60대 나이의 고등학교 선생님과 대화해보니, 자신이 어릴 때만 해도 묘한 분위기를 가진 바위로 알려졌을 뿐 문무왕의 능으로 알려지지는 않았다고 하더군. 덕분에 어릴 때는 어른들을 따라 배를 타고 그 주변을 자유롭게 다니기까지 했다고.

그러다 문화재청과 신라남산오악학술조사단의 조사에 의해 문무대왕릉으로 비정되면서, 1970년대부터 드디어 지금의 대왕암이 문무대왕릉으로 널리 알려지게 된다. 관련 내용은 내가 쓴 《일상이 고고학, 나 혼자 경주 여행》 159페이지에 설명되어 있고, 지금부터는 더 자세하게 확인해보도록 하자.

이렇듯 문무왕이 용이 되었다는 괴력난신 같은 전설이 신라 시대에 유행했던 이유는 생전 문무왕의 소망이 그러했기 때문이다.

> 왕이 평소에 항상 지의법사에게 이르기를 "짐은 죽은 뒤에 호국대룡(護國大龍)이 되어 불법을 받들고 나라를 수호하고자 한다." 고 하였다. 법사가 말하기를, "용이란 짐승으로 태어나는 과보를 의미하는데, 어찌 그러하십니까?" 라고 하였다. 왕이 말하기를, "나는 세상의 영화를 싫어한 지 오랜 지라, 만약 나쁜 응보를 받아 축생이 된다면 짐의 뜻에 합당하다." 고 하였다.
>
> 《삼국유사》 기이 문무왕 법민

이처럼 죽어서도 나라를 지키고 불법을 수호하고자 한 문무왕이었기에 불교 교리에 따르면 인간보다 아래인 짐승에 해당하는 용이 되는 것임에도 개의치 않았다. 아니 오히려 짐승이 되기를 원하고 있었다. 그런 사사로운 문제는 이미 초월한 단계에 올라와 있었던 것.

사실 당시 문무왕 입장에서 바라보면 한반도를 기반으로 한 수많은 왕들 중 자신이 가장 높은 업적을 세웠다고 여길 만했다. 그동안 그 누구도 이룩하지 못한 삼한(三韓)을 통합한 데다 그 과정에서 최강대국인 당나라까지 물리쳤기 때문. 하지만 이처럼 모든 것을 이룬 그였으나 오히려 세상의 영화(榮華)에는 관심이 사라지기 시작했다. 그 결과 죽어서도 권력과 부를 누리고자 거대한 무덤을 만들고 그 안에 수많은 보물을 넣은 이전 여러 왕들과 달리 담백하게 화장하여 바위 위에 장례하도록 유언했을 정도.

그렇지만 문무왕의 뜻은 뜻이고 왕위 정통성을 이어받은 신문왕은 아버지를 진짜 용으로 모시기 위한 작업에 몰두할 수밖에 없었다. 이는 왕조 국가에서는 아버지의 권위를 높인 만큼 자신의 왕위 정통성이 탄탄해지기 때문인데, 이런 분위기에서 아버지 유언대로 화장하여 바다에 장례하는 소박한 모습만으로는 남다른 권위를 세울 수 없었을 테니까.

감은사와 이견대

음. 계속 걷다보니 아침인데도 땀이 조금 나려 한다. 주변 바람을 느끼면서 걷는 속도를 좀 줄이자.

많은 사람들이 알고 있듯 문무대왕릉 근처에는 통일신라 석탑 두 기가 남아 있는 감은사지라는 절 터가 있다. 지금 걸어가고 있는 장소가 그곳이지. 거리로는 약 1km 정도. 여기서 감은사지(感恩寺址)란 감은사에 터를 의미하는 지(址)를 붙여 '감은사라는 사찰이 있었던 터'라는 의미를 가지고 있다. 즉 사찰이 온전히 운영될 당시에는 감은사라 불렸던 것.

감은사는 본래 문무왕이 만들던 사찰로서 《삼국

유사》에는 다음과 같은 내용이 있다.

> 문무왕이 왜병을 진압하고자 이 절을 처음 짓다가 다 끝마치지 못하고 죽어 바다의 용이 되었다. 그 아들 신문왕이 왕위에 올라 개요 2년(682)에 끝마쳤다. 금당 섬돌 아래에 동쪽을 향해 구멍 하나를 뚫어 두었는데, 이는 용이 들어와 쉬도록 하기 위함이었다.
>
> 《삼국유사》 기이 만파식적

이처럼 감은사가 완성된 682년은 문무왕이 죽고 김흠돌의 난이 벌어진 681년 직후였다. 이에 일연은 신문왕이 용을 만났다고 알려진 두 가지 시점 중 당연히 682년 기록이 옳다고 판단했던 것. 아무래도 사찰이 완성된 시점에 왕이 직접 감은사를 방문한 것이 자연스러우니까. 나 역시 아버지인 문무왕이 돌아가신 지 거의 1년이 되는 시점인 만큼 자신의 정통성을 널리 알리기 위해서 신문왕이 감은사를 방문했을 것으로 보고 있다.

한편 감은사에서는 종종 신라 왕이 직접 참여한 제사가 치러지기도 했으니.

> 봄 2월에 왕이 감은사에 행차하여 바다에 망제

감은사지 석탑 가는 길. 문무왕릉에서 약 1km 정도 떨어진 곳에 있다.
©Park Jongmoo

(望祭)를 지냈다.

《삼국사기》 신라본기 경문왕 4년(864) 2월

라는 기사를 통해 이를 알 수 있다. 이렇듯 통일 신라 후반기에도 감은사 제사에 왕이 직접 참여하는 경우가 있었으며, 이는 곧 동해의 용이 된 문무왕을 위한 행사이기도 했다. 뿐만 아니라 감은사는 신라 정부에서 특별히 관리, 보수하는 사찰이었으니, 이곳이 나름 바다와 접한 군사적 요충지인데다 문무왕의 원찰로서 남다른 의미가 있었기 때문이다.

한편 그 누구보다도 신문왕에게 이번 감은사 방문은 돌아가신 아버지를 뵙는 남다른 의미를 지닌 행사로 다가왔을 것이다. 그런 만큼 이때 행사의 엄중함과 화려함은 683년 새로운 왕비와 결혼식을 할 때만큼이나 격식과 절차에 맞추어 치러지지 않았을까? 덕분에 당시 신라의 여러 대중들에게도 중요한 행사로 인식되면서 용이 된 문무왕이라는 이미지가 널리 알려지는 계기가 되었을 테고 말이지. 이렇듯 682년 신문왕의 감은사 방문, 그리고 이후에도 꾸준히 이어지던 문무왕을 위한 제사가 우리가 알고 있는 만파식적 신화의 원천 스토리라 생각해볼 수 있겠다.

대개 유언으로 유골을 간직한 곳을 대왕암(大王岩)이라고 하고, 절을 감은사라고 이름했으며, 뒤에 용이 나타난 것을 본 곳을 이견대(利見臺)라고 하였다.

《삼국유사》 기이 만파식적

그래서인지 몰라도 지금도 감은사 근처에 위치한 이견대를 방문하면 만파식적의 분위기가 절로 느껴진다. 용을 보았다는 이견대에서 바라본 문무대왕릉은 마치 바다에 떠오른 거북의 모습을 닮았거든. 특히 주변의 파도 덕분에 바위가 물길을 타고 이동하는 느낌마저 준다. 다만 바위 위에 대나무가 자라고 있지 않을 뿐.

산의 형세는 거북의 머리 같고, 그 위에는 한 줄기 대나무가 있는데

《삼국유사》 기이 만파식적

그렇구면. 이렇듯 만파식적에서 묘사한 동해의 물길 따라 떠오던 산의 묘사는 다름 아닌 문무대왕릉을 이견대에서 바라본 모습과 유사하네. 결국 만파식적의 이야기는 단순한 괴력난신이 아니라 사실을 기반으로 하여 포장된 스토리텔링이었던 것이

다. 이는 곧 감은사에 머문 신문왕이 바다의 용이 된 아버지를 위한 제사를 치르는 과정 중 이견대를 방문했던 내용이 만파식적 신화의 기반이 되었음을 의미한다.

그런데 감은사를 방문한 신문왕에게 용은 이견 대에서 기묘한 이야기를 하였으니, 다음 챕터에서 그 이야기를 이어가기로 하자. 마침 7시 45분 정도 가 되어 감은사지에 도착했네.

한 손과 두 손의 차이

감은사지. 이곳을 방문하면 감은사지 3층 석탑 두 기가 언제나 그렇듯 나를 반갑게 맞아준다. 특히 13m에 다다르는 쌍둥이 탑의 당당한 위용은 통일신라 때부터 지금까지 이어지는 중. 여러 번 이곳을 방문한 나 역시 매번 그 당당함에 매료되고 만다.

탑을 돌며 쭉 감상하다가 이번에는 가만히 서서 눈을 감고 상상을 해본다. 지금은 터만 남은 금당, 회랑 등에 건물을 쭉 세워보고 문무대왕릉을 향해 망제(望祭)를 지내는 사람들의 모습을 그려보니 과거 감은사의 전성기가 저절로 다가오는 듯하네. 이렇듯 매해 특정 시기가 되면 바다의 용이 된 문무왕을 위한 제사가 이곳에서 개최되었겠지. 이는 신라

감은사지 석탑. ©Park Jongmoo

가 역사에서 사라지는 시점까지 이어지던 중요한 행사였을 것이다.

눈을 뜨자 머리에 펼쳐졌던 사찰의 화려한 모습은 일순간 사라지고, 오직 탑만이 나이를 조금 먹었을 뿐 그대로 남아 나를 바라봐주고 있네. 이렇듯 탑을 매개로 통일신라 시대를 잠시 다녀왔더니 기분이 상쾌하다. 마치 타임머신을 탄 느낌?

이 좋은 분위기 그대로 만파식적 이야기로 돌아가 살펴보기로 하자.

> 왕이 배를 타고 그 산에 들어가니, 용이 검은 옥대(玉帶)를 가져다 바쳤다. 왕이 영접하여 함께 앉아서 묻기를, "이 산과 대나무가 혹은 갈라지기도 하고 혹은 합해지기도 하는 것은 무엇 때문인가?"라고 하였다. 용이 대답하기를, "이것은 비유하자면, 한 손으로 치면 소리가 나지 않고, 두 손으로 치면 소리가 나는 것과 같아서, 이 대나무라는 물건은 합한 후에야 소리가 납니다. 성왕(聖王)께서는 소리로써 천하를 다스릴 좋은 징조입니다.
>
> 《삼국유사》 기이 만파식적

앞서 보았듯 동해에 등장한 산에는 대나무가 있었는데, 낮에는 둘이 되고 밤에는 합쳐져 하나가 되

감은사지 동탑과 지금은 터만 남은 금당과 회랑 흔적 ⓒPark Jongmoo

었다. 이에 신문왕이 기이한 현상에 대해 그 이유를
묻자 용은 다음과 같이 이야기한다.

"이는 한 손으로 치면 소리가 나지 않고, 두 손
으로 치면 소리가 나는 것과 같습니다."

즉 소리가 나려면 두 손이 함께해야 함을 의미했
다. 한 번 해볼까? 정말로 한 손만 앞으로 편 채 아무
리 좌우로 왔다 갔다 해보았자 소리가 안 나는군.
이는 나뿐만 아니라 아무리 장비 같은 천하장사라
도 한 손이라면 마찬가지일 것이다. 그러나 두 손을
앞으로 펴서 함께 치면 힘 약한 어린아이라 할지라
도 손바닥이 부딪치는 순간 소리가 난다. 이처럼 간
단한 원리를 용은 이야기한 것이니, 이는 곧 아무리
잘난 이도 혼자서는 아무것도 할 수 없으며, 두 손을
함께하듯 화합과 협력이 중요하다는 뜻을 내포하고
있다.

그런데 해당 이야기를 시대상에 넣어보면 그 의
미가 더욱 깊게 이해된다. 앞서 보았듯 감은사가 완
성되기 직전인 681년 김흠돌의 난이 있었으니까. 그
결과 당시 김흠돌을 포함하여 그를 따르던 사람들
이 무수히 죽임을 당했는데, 그 과정에서 소극적인
모습을 보인 이마저 신문왕에게 죽음을 맞이했을

정도였다.

이찬 (김)군관을 처형하였다. 왕이 교서를 내려 다음과 같이 말하였다.

"임금을 섬기는 법은 충성을 다하는 것을 근본으로 삼고, 관직을 맡은 자의 의리는 임금에게 두 마음을 갖지 않는 것을 으뜸으로 삼는다.

병부령(兵部令) 이찬 군관은 품계의 순서로 높은 관위까지 승진하였으면서도 임금의 과실을 바로잡아주거나 결점을 보완해주고, 조정에 결백한 절개를 드러내 보이지 않았으며, 목숨을 바치고 자기 몸을 잊으면서 사직에 진심에서 우러나오는 정성을 표하지도 않았다. 여기다가 저번에 반역을 도모한 김흠돌 등과 사귀면서 그들이 반역을 꾀하고 있는 일을 알면서도 일찍이 알리지 않았다.

이미 나라를 걱정하는 마음이 없을 뿐만 아니라 다시 공사를 위해 목숨을 바칠 뜻도 저버렸으니, 어찌 중요한 재상의 자리에 앉아 나라의 법을 흐리게 할 수 있겠는가! 마땅히 무리들과 함께 내쳐 후진들에게 경계로 삼고자 한다. 군관과 그의 친아들 한 명은 자결하게 할 것이다. 멀고 가까운 곳에 포고하여, 이를 모두가 알게 하라.

《삼국사기》 신라본기 신문왕 원년(681) 8월 28일

이찬은 신라 17관등 중 2등에 해당하니 당연히 김군관은 진골에 해당했다. 그는 문무왕 시절 김흠돌 일행보다 훨씬 높은 공적을 세운 인물로 고구려 정벌에 적극 참가했으며, 나당 전쟁에서도 큰 공을 세웠다. 심지어 나당 전쟁에서는 당나라 영향력에 있는 옛 백제 지역의 열두 성을 빼앗으며 적병을 공격하여 목 베어 죽인 것이 무려 7000급에 이르렀을 정도. 그런 만큼 삼한일통 전쟁 당시 수많은 장군 중에서도 손에 꼽히는 명장이었던 것이다.

그 결과 문무왕은 그를 특별히 신뢰하였는지 나당 전쟁이 끝난 이후인 680년, 상대등에 임명하였다. 상대등은 귀족을 대표하는 신라 최고 관직으로서 지금으로 치면 국회의장과 비슷한 위치다. 무엇보다 문무왕은 나당 전쟁 동안 당나라 유화책에 휘둘리던 귀족들을 적극 견제하기 위하여 673년 상대등이었던 김유신이 죽자 아예 상대등을 한동안 임명하지 않았었다. 이를 당나라로부터 최종 승리하고 어느 정도 안정화가 되자 김군관에게 맡긴 것. 뿐만 아니라 그는 신문왕의 명으로 자결할 당시 병부령이기도 했으니, 병부령은 지금으로 치면 국방장관에 해당했다. 즉 군사권을 지닌 인물임을 의미한다.

그러나 이처럼 상당한 위치에 있는 인물을 신문왕은 김흠돌이 반역을 일으킬 것을 알으면서도 이를 알리지 않았다는 모호한 죄를 들어 아들 한 명과 함께 자결하도록 명한 것이다. 이는 김흠돌을 681년 8월 8일 처형하고, 8월 16일 난을 진압했다는 교서를 전국에 내린 후, 8월 28일에 이어진 사건이다. 이처럼 김흠돌이 처형당한 후 20일이 지나 김군관은 자결한 것이니 덕분에 학계에서는 해당 사건에 대한 여러 견해가 존재한다.

다만 개인적으로는 김흠돌의 난 때 신라 왕과 김흠돌 사이에서 여러 진골들이 갈팡질팡한 상황을 문책하는 과정 중 상징적인 인물로서 죽임을 당한 것이 아닐까 싶군. 만일 김군관이 적극적으로 반란에 참여했다면 자결이 아닌 처형을 했을 것이며, 그 범위도 친족 상당수가 포함되었을 텐데 그러지 않았으니까. 즉 김군관 정도 높은 공과 지위에 오른 인물마저 신라 왕의 명이면 죽음에 이르는 것을 보여줌으로써 왕권의 힘을 여실히 증명한 것이다. 다음에도 만일 이런 일이 생긴다면 진골 귀족들이 빠르게 왕의 편을 들도록 말이지.

이런 비슷한 경우를 우리는 조선의 태종 이방원을 주인공으로 삼은 사극을 통해 무척 많이 봤었다. 왕권을 위해 뚜렷한 이유가 없음에도 흠을 잡아 반드시 죽이는 모습. 이 중 영의정이던 세종대왕의 장인을 뚜렷한 죄가 없음에도 굳이 죄를 만들어 죽인 것은 매우 유명하다. 궁금하신 분은 세종의 장인인 심온(沈溫)의 이름을 네이버에 한 번 쳐보자. 이방원의 외척 숙청 작업으로 역적으로 몰려 죽었다고 설명되어 있으니까.

이렇듯 신문왕은 왕권의 강대함을 보여주기 위해 김군관을 자결하도록 했으나, 전쟁 영웅인 데다 상대등에 이르렀던 인물을 큰 죄 없이 죽인 것은 다른 한편으로 여러 진골의 반발을 일으키는 정치적인 부담이 되었을 것이다. 그 때문인지 몰라도 한 해가 지나자 신문왕은 공포 정치를 마감하고 새로운 시대를 열고자 했다.

봄 정월에 왕이 신궁(神宮)에 친히 제사 지내고 죄수들을 크게 사면하였다.

《삼국사기》 신라본기 신문왕 2년(682) 1월

신궁은 신라의 시조를 모신 장소다. 그런데 새해를 기념하여 직접 신문왕이 참가하여 제사를 지낸 것이니, 이는 곧 새로운 왕으로서 정통성을 보여주기 위한 행동이었다. 또한 제사가 끝나자 신문왕은 죄수를 사면하도록 명했다. 지금도 대통령의 사면

권은 사회의 화합과 통합을 위한다는 명목으로 이루어지듯, 이는 신라 시대도 마찬가지였을 것이다.

신문왕은 이처럼 즉위 2년차부터는 1년차의 공포 정치를 일단 마무리하고 화합을 통한 정치 변혁을 꾀하고 있었다. 결국 삼한일통 이후 성공적인 통일 시기를 이어가기 위해서는 어쨌든 진골 귀족의 도움이 필요했으니까. 그들의 협력이 없다면 문무왕이 세운 삼한일통의 업적마저 공염불이 될 테니 말이지. 그런데 마침 이러한 신문왕 2년차 분위기에 맞추어 682년을 배경으로 하는 만파식적에서는 용이 등장하여 화합을 의미하는 말을 하고 있네? 한 손이 아닌 두 손으로 쳐야 비로소 소리가 나며, 이를 통해 신문왕이 성왕(聖王)이 될 것이라는 이야기가 바로 그것.

이렇듯 만파식적에 등장한 용은 동 시점 신문왕이 원하던 바를 표현하고 있음을 알 수 있다. 시대상과 함께 쭉 비교하듯 살펴보니 참으로 적절한 시점 딱 등장한 용의 발언이군. 그렇다면 혹시 동해의 용이 된 문무왕을 위한 제사 중 문무왕 영전 앞에서 왕과 여러 신료 간 화합을 주장하던 내용이 손바닥 이야기의 원천 스토리가 아니었을까?

용이 된 문무왕과 천신이 된 김유신

문무왕과 김유신은 왕과 신하 사이이나 핏줄로 보면 조카와 삼촌 사이이기도 했다. 다름 아닌 김유신 여동생의 아들이 문무왕이기 때문. 이처럼 가족으로 시작된 두 사람의 인연은 이후 한반도 역사에 놀라운 결과를 만들어냈다. 신라군이 660년 계백의 5000 결사대와 혈전을 벌일 때 태자 신분이었던 문무왕은 김유신과 함께 참전했으며, 문무왕이 신라 왕으로 즉위한 뒤에도 수많은 전장에서 두 사람은 함께하며 삼한일통을 직접 일궈냈으니까.

나당 전쟁이 한창일 때 김유신이 79세 나이로 쓰러지자, 문무왕은 직접 집으로 찾아와 병문안을 하는데, 이때 두 사람은 이번 생의 마지막 대화를 나눈다.

"신이 온 힘을 다하여 임금을 받들고자 하였으나, 소신의 병이 이에 이르렀으니 오늘 이후로는 다시 용안을 뵙지 못할 듯하옵니다."라고 말하였다.

대왕이 울면서

"과인에게 경이 있음은 물고기에게 물이 있는 것과 같으니, 만약 피할 수 없는 일(김유신이 죽는 일)이 생긴다면 백성들은 어찌하고 사직은 어찌하는가?"라고 말하였다.

《삼국사기》 열전 김유신

문무왕이 태어날 때부터 김유신이 세상을 뜨는 순간까지 물고기와 물 같은 사이였던 두 사람은 이후 이상적인 왕과 신하 관계로 널리 알려지게 된다. 이에 대해 김부식은 다음과 같은 글을 남겼을 정도였다.

《서경》에서는

"어진 이에게 일을 맡김에 의심하지 말고, 간사한 자를 제거함에 주저하지 말라."고 하였다.

대체로 신라에서 김유신을 대하는 것을 보면 친근하게 하여 틈이 없도록 하였고 일을 맡겨서는 의심하지 않았으며, 계책을 내면 행하고 말하면 들어

주어 그로 하여금 쓰이지 않는다고 원망을 품지 않게 하였으니 '육오동몽(六五童蒙)의 길(吉)함'을 얻었다고 할 만하다. 그러므로 김유신은 그 뜻한 것을 행할 수 있게 되어 상국(上國)과 함께 협력하고 모의하여 세 나라의 영토를 합쳐 한집안을 이루고, 능히 공을 세워 이름을 떨치고 일생을 마칠 수 있었다.

비록 을지문덕의 지략과 장보고의 의롭고 용맹함이 있었다고 하더라도 중국의 서적이 아니었던들 흔적이 없어져 듣지 못하였을 것이다. 그러나 김유신은 나라 사람들이 그를 칭송하는 것이 고려까지 이어지며, 사대부들이 아는 것은 당연하고 꼴베는 아이와 가축을 기르는 아이까지도 그를 알고 있으니, 그의 사람됨이 분명 보통 사람들과는 달랐기 때문이다."

《삼국사기》 열전 김유신

그렇다. 김부식은 신라 왕실이 김유신을 대하던 모습을 최고로 모범적인 군신 관계로 여겼던 것이다. 이에 "육오동몽(六五童蒙)의 길(吉)함"이라 표현하였으니, 이는 5~6세 어린이의 어리석음이 오히려 길하다는 표현으로 무지한 왕이라 할지라도 유능한 이에게 일을 맡기고, 그의 가르침을 받아들이

는 것을 어린아이같이 하면 훌륭한 결과가 나온다
는 의미다. 즉 뛰어난 신하에게 일을 맡기면 의심
없이 지원해주라는 의미이기도 했다.

때마침 7세기에는 문무왕과 김유신처럼 한반도
역사 중 손에 꼽히는 왕과 신하가 결합했으니 당연
히 어마어마한 결과가 나올 수밖에. 마치 15세기 세
종대왕과 18년 간 영의정을 역임한 황희 관계가 이
와 유사하지 않았을까? 보기 드문 결과를 만든 시대
는 다 그럴 만한 이유가 있음.

뿐만 아니라 두 사람은 놀랍게도 같은 날 세상을
떠났으니, 김유신은 673년 음력 7월 1일, 문무왕은
681년 음력 7월 1일이다. 당시에는 음력으로 날짜
를 셌기 때문에 당연히 당시 사람 기준에서 같은 날
돌아가신 것.

앞서 영조가 신하들과 홍서대(紅犀帶)에 대해 이
야기하는 중 기이하다며 놀라는 장면이 있었다. 이
성계가 삼척에 홍서대를 하사한 시기가 계유년이었
는데, 육십갑자(六十甲子)가 6번 돌아 360년이 지난
영조 시대의 계유년에 마침 이것이 발견되었기 때
문. 이와 같은 우연에도 기이함을 이야기할 정도라
면 물고기와 물 같은 관계였던 문무왕과 김유신이
같은 날 세상을 뜬 것은 더욱 기이한 일이 아니었을
까? 이는 곧 문무왕의 기일이 당연히 김유신의 기일

이라는 의미이기도 했다. 덕분에 신라가 존재하는 마지막 순간까지 두 사람의 제사는 동일한 날에 치러지며 신라인들에게 훌륭한 군신 관계로 기억되었겠지. 죽어서도 이어지는 두 사람의 놀라운 인연이라 하겠다.

이 정도로 남다른 인연인 만큼 만파식적에서도 문무왕과 김유신은 마치 두 손으로 손뼉을 치듯 함께 등장한다. 신문왕에게 보물을 바치던 용이 다음과 같은 말을 하거든.

> 이제 대왕의 아버님께서는 바닷속의 큰 용이 되셨고, 유신은 다시 천신(天神)이 되셨는데, 두 성인이 같은 마음으로, 이처럼 값으로 따질 수 없는 보배를 보내 저를 시켜 이를 바치는 것입니다.
>
> 《삼국유사》 기이 만파식적

두 영웅은 죽은 후 문무왕은 동해의 큰 용이, 김유신은 천신이 되었다. 이는 곧 살아서 신라를 지킨 두 사람이 죽어서 신라의 바다와 하늘을 지키는 신(神)이 되었음을 의미했다.

이로써 신이 된 문무왕과 김유신이 함께 준 보배를 용이 신문왕에게 전달한 이유 역시 쉽게 이해할 수 있다. 김흠돌의 처형, 그리고 전쟁에서 남다른 승리를 거둔 김군관까지 자결을 명한 신문왕이지만 앞으로는 신라가 분란을 멈추고 군신이 서로 믿고 화합하는 모습이 만들어지길 누구보다 바랐을 것이다. 그 결과 만파식적에 등장하던 용은 서로 신뢰하며 남다른 군신 관계를 보여주던 문무왕과 김유신을 이상적인 모습으로 언급함으로써 신문왕의 바람을 그대로 투영시킨 것. 이 역시 682년 감은사에서 신문왕이 참여한 문무왕 망제(望祭)와 연결되어 생각해볼 수 있겠다.

당시 신문왕은 이상적인 신하의 모습으로 김유신을 크게 언급함으로써 감은사에 함께한 여러 신료들에게 김유신 같은 충성을 강조했었겠지. 물론 자신도 문무왕처럼 좋은 신하를 발탁하여 신뢰를 주는 훌륭한 왕이 되겠다는 의미를 담아서. 그 내용이 후대에 만파식적 신화로 굳어지며 문무왕이 보낸 용이 문무왕과 김유신을 언급하는 내용으로 변한 채 지금까지 남아 전달된 것일지도 모르겠다.

김유신의 사람들

슬슬 감은사지 구경을 마치고 경주 시내로 가야 할 시간이다. 오전 8시 45~50분쯤 경주 시내로 가는 버스가 감은사지 정류장에 오거든. 버스가 한 시간당 한 대라 만일 놓치면 거의 한 시간을 기다려야 하니 어쩔 수 없지. 아쉬움에 탑을 한 번 더 바라보다가 언덕 아래로 터벅터벅 내려간다.

금세 감은사지 주차장 앞 버스 정류장에 도착했다. 오래 걸어서인지 목이 마르네. 토마토 주스를 마신 후 남은 이야기를 마저 이어가기로 하자. 버스가 오려면 아직 10분 정도 남았으니까 조금 여유 있네.

지금까지 보았듯 682년을 배경으로 한 만파식적

은 바로 그 시점 신문왕이 하고 싶은 이야기를 용이 대신하고 있었다. 흥미로운 부분은 이처럼 왕과 신료 간 화합을 남달리 강조하던 만파식적 내용이 그대로 현실화되어 선보인 행사가 하나 더 있다는 점. 다름 아닌 앞서 살펴본 683년 새로운 왕비를 맞이한 신문왕의 결혼식이 바로 그것이다.

새벽에 이야기한 것이라 잊었을 수도 있으니 잠시 결혼식에 대한 기록을 다시 살펴볼까?

> 일길찬 김흠운의 작은 딸을 맞아들여 부인(夫人)으로 삼고자 하여, 먼저 이찬 문영과 파진찬 삼광을 보내 날짜를 정하고, 대아찬 지상에게 납채(納采)하게 하였다. 예물로 보내는 비단이 15수레, 쌀, 술, 기름, 꿀, 장, 메주, 포(脯), 젓갈이 135수레이고, 벼가 150수레였다.
>
> 《삼국사기》 신라본기 신문왕 3년(683) 2월

결혼식을 준비하며 날짜를 정하기 위해 신부 집을 방문한 이는 2등 관등인 이찬 김문영과 4등 관등인 파진찬 김삼광이었다. 당연히 결혼식의 시작을 알리는 중요한 임무였다. 그런데 두 사람의 경우 김유신과 남다른 인연이 있어 특히 주목된다.

우선 김문영과 김유신의 인연은 다음과 같다. 때

는 660년, 황산벌 전투에서 백제의 5000 결사대를 이끈 계백의 강한 저항으로 인해 신라군이 당나라와의 합류 기일을 어기는 일이 발생하였다. 그러자 당나라 총사령관 소정방은 이를 빌미로 신라군을 통제하려는 목적으로 병력 관리를 책임지던 김문영의 목을 베려 했다. 그러자 김유신이 적극 대응하여 이를 막는다.

"대장군(소정방)이 황산에서의 싸움을 보지도 않고 약속한 날짜에 늦은 것만을 가지고 죄를 삼으려 하나 나는 이런 모욕을 받을 수 없다. 반드시 먼저 당나라 군사와 결전을 치른 후 백제를 깨뜨리겠다."라고 하였다. 이에 큰 도끼를 잡고 군문에 섰는데, 김유신의 성난 머리털이 곧추 서고 허리에 찬 보검이 저절로 칼집에서 튀어나왔다.

《삼국사기》 태종무열왕 7년(660) 7월 9일

그러자 소정방은 김문영의 목을 베는 것을 포기하고 만다. 김유신을 위시로 신라 반응이 심상치 않았기 때문. 이렇듯 김문영은 김유신에게 나름 목숨을 빚진 것이니, 그래서인지 몰라도 이후로도 삼한 일통 전쟁에서 그 누구 못지않게 적극적으로 활동하였다. 또한 681년 김흠돌의 난에서도 왕의 편을 빠르게 들었는지 몰라도 신문왕의 새 결혼식에서 매우 중요한 역할을 맡고 있었다. 즉 친김유신계 인물이자 신문왕의 남다른 신뢰를 받는 인물이라 하겠다.

다음으로 김삼광은 다름 아닌 김유신의 첫째 아들이다. 김유신은 나이 들어 태종무열왕의 딸과 결혼하게 되는데, 이는 곧 조카와의 근친 결혼이었다. 그렇다면 김삼광은 핏줄로 볼 때 신문왕에게는 고모의 아들로서 서로 사촌이었음을 의미했다. 이에 신문왕은 김유신 가문을 대표하여 김삼광에게 결혼식 중요 절차를 진행하도록 했던 것.

이렇듯 김흠돌의 난을 극복하는 과정에서 이어진 만파식적 신화와 결혼식 풍경을 함께 살펴보면 당시 신문왕을 적극 지지하는 세력은 다름 아닌 친김유신계 세력이었음을 알 수 있다. 무엇보다 이번 결혼식은 신문왕 못지않게 친김유신계 세력에게 또한 무척 중요한 사건이기도 했거든.

태종무열왕과 결혼한 김유신의 동생 문명왕후(文明王后)는 문무왕과 김인문, 김문왕, 김노차, 김지경, 김개원 등 6명의 아들 및 여러 딸을 두었다. 즉 이들은 김유신 가문의 핏줄을 지닌 신라 왕, 왕자, 공주들이라 하겠다. 그런데 이들과 핏줄로 연결된 문명왕후의 손자 서열의 자손들이 683년 결혼식의 상대 및 결혼식 절차의 중요 인물로 등장한 것이다. 그런 만큼 이번 결혼식은 친김유신계 진골에게는 태종무열왕 — 문무왕을 잇는 중요한 사건으로 다가올 수밖에. 무려 3대 왕실에 걸쳐 중요 가문이 될 수 있다는 의미이니까.

결과적으로 봤을 때 681년 김흠돌의 난을 제압한 데 이어, 682년 감은사에서 문무왕을 위한 망제를 통해 왕과 신하 간 새로운 관계 개선을 추진하고, 683년 새로운 왕비를 들이는 결혼식까지 친김유신계 진골들이 신문왕을 도와 큰 역할을 했음을 알 수 있다. 당시 상황이 이러하였기에 만파식적의 용은 유독 문무왕과 김유신을 강조하며 신문왕에게 남다른 권위를 부여했던 것.

이렇듯 682년 만파식적은 신문왕과 그를 지지하던 친김유신계 진골 간의 화합을 의미하는 이야기가 기본 골격이다. 다만 이야기 후반부에 등장하는 태자 이야기는 글쎄, 상황을 살펴볼 때 동 시점 어린 나이였던 태자가 등장할 시기는 아직 아닌 듯싶군. 그런 만큼 태자 이야기는 시간이 흘러 만파식적 이야기에 추가된 것이 분명해 보인다.

아, 드디어 버스가 오는군. 이제 버스를 타고 경주 시내로 가자.

5
690년 시점

버스 안에서

경주 시내까지는 약 50분 정도 걸리니 의자에 앉아 창밖이나 구경할까? 시골 풍경이 이어지니, 마음이 편안해지네.

이렇게 풍경을 보며 가다 갑자기 흥미로운 생각이 드는걸. 한때 신라 1000년의 수도였던 경주가 지금은 25만 인구를 유지하는 작은 도시로 인식된다는 점. 내가 사는 안양이 50만이 넘으니 그 절반에 불과한 것이다. 뿐만 아니라 대한민국 수도인 서울은 인구 950만 명 수준을 보이고 있지. 그렇다면 통일신라 시대 한반도의 수도였던 경주의 인구는 과연 어느 정도였을까?

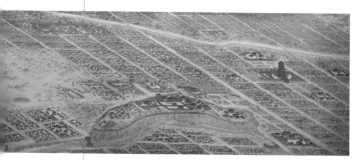

신라 황성 복원도.

> 신라의 전성 시대에 수도 내 호수가 178,936호
> (戶)에 1,360방(坊)이요, 주위가 55리(里)였다.

《삼국유사》 기이 진한(辰韓)

17만 8936호(戶). 여기서 호는 가구 숫자를 의미
하니 저 기록대로라면 경주에 17만 8936가구가 존
재했다는 의미다. 지금도 '인구주택총조사' 라 하여
5년마다 통계청이 실시하는데, 이와 유사한 작업을
당연히 신라 시대에도 했다는 말이다. 어느 시대든
인구 = 국력이니까. 일연은 마침 자신이 구한 자료
중 신라 전성기의 수도 인구가 있었기에 이렇게 《삼
국유사》에 그대로 옮겨두었다. 위의 기록이 바로 그
것.
한편 일본 나라시에 위치한 도다이지(東大寺) 쇼

소인(正創院)에서 통일신라 시기에 제작된 '신라 촌락 문서(新羅村落文書)' 가 발견되었는데, 내용을 해석해보니 3년마다 인구 조사를 한 것으로 밝혀져 주목받았다. 또한 신라 촌락 문서에 등장하는 '사해 점촌' 이라는 마을의 경우 11호(戶)에 147명이 살고 있었지. 이는 곧 1호당 13명꼴이라는 의미.

이를 《삼국유사》 기록에 등장하는 17만 8936호에 그대로 대입하면 곱하기 13을 하여 232만 6168명이라는 놀라운 수치가 만들어진다. 우와. 통일신라 시대 경주 인구가 무려 232만에 이르렀다는 뜻인데, 현재 대구 인구가 237만이니, 이와 거의 유사했다는 것. 얼핏 상상이 가지 않는데? 이에 좀 줄여서 1호당 5~6명으로 계산하더라도 100만에 육박하는 인구가 나오거든. 이런 계산법을 바탕으로 경주시에서는 과거 신라 시대 경주 인구를 100만이라 홍보하는 중. 참고로 동시대 당나라 수도인 장안의 인구를 학자에 따라 70~150만으로 추정하는 만큼 경주 인구가 거의 이 수치와 비견되는 것이다.

이처럼 규모가 상상 이상이기에 여러 학자들의 다양한 주장이 등장하게 된다. 버스 여행을 하는 김에 시간도 풍부하니 이를 간략히 정리해보자.

통일신라 경주 인구

1.《삼국유사》기록이 잘못되었다는 주장

178,936호(戶)라 되어 있는 기록은 178,936구(口)의 오기, 즉 경주에 17만 8936명이 살았다는 의미로 파악하는 것이다.

예를 들면 조선 정조 19년(1795)의《조선왕조실록》기록을 살펴보면 한양은 43,890호(戶)에 191,501구(口)라 되어 있거든. 참고로 이때《조선왕조실록》에 등장한 구(口)는 남과 여를 모두 포함한 수치다. 이처럼 18세기 전성기 시절 조선의 수도인 한양은 20만 명 정도로 파악되고 있었다. 여기다 호구에 계산되지 않은 인구까지 포함하면 거의 30만 명에 이르렀겠지. 당시 통계는 인구 전체를 세는 것이 아니었기 때문. 그런 만큼 이보다 더 과거인 통일신라 전성기의 경주 인구가 17만 명 정도라면 어느 정도 이해할 수 있지만, 무려 17만 호라는 건 이해하기 힘들다는 것이다.

하지만 고려 시대의 수도인 개경 인구를 보면 이런 논리는 통하지 않을지도.

> 몽고가 군사를 크게 일으켜 경기에까지 침략하자 최이가 재상들을 모아놓고 강화로 천도할 것을 의논하였다. 당시는 평화를 누린 지 이미 오래된지라 개경의 호수가 100,000에 이르렀고 호화로운 저택이 서로 바라보니 사람들의 마음은 그대로 머무르며 천도하지 않으려 하였다.
>
> 《고려사》 열전 유승단

이를 볼 때 13세기 고려 개성은 10만 호에 이르렀으니, 인구가 최소 50만 명이었다는 의미. 이처럼 개성의 전성기 시절은 한양의 전성기 시절보다 훨씬 인구가 많았다.

결국 근대 이전 한반도의 수도 인구를 살펴보면, 시대가 지나며 당연하듯 많아지는 것이 결코 아니었다. 오히려 시대 분위기에 따라 기반이 잘 구축되어 있는 수도로 인구가 심하게 몰리는 경향마저 있었던 것. 지금도 5000만 인구의 대한민국임에도 서울에 무려 950만 명이 사는 것을 보시라. 도시국가를 제외하고 세계에서 이런 경우는 거의 보기 드물지. 서울이 정치, 경제, 교육, 일자리, 교통, 먹거리, 시민으로서 자부심 등 모든 면에서 압도적으로 좋아 생겨난 현상이 아닐까? 과거에는 다름 아닌 경주가 그런 위치였으니까.

하지만 그럼에도 불구하고 현재의 경주 시내 규모에서 인구 100만을 넘는 것이 과연 가능하냐는 의견이 분명 존재하는 만큼 이 부분을 주목해 살펴볼 필요가 있다.

2. 《삼국유사》 기록은 맞으나 경주의 범위가 훨씬 넓었다는 주장

《한서(漢書)》 지리지(地理志) 기록에 따르면 기원전 108년 평양에 위치한 낙랑군의 경우 6만 2812호(戶)에 인구는 40만 6748명이었다. 다만 낙랑은 평양을 중심으로 현재 평안남도 규모의 행정구역을 가지고 있었기에 평안남도 전반 인구로 해석할 수 있겠지.

마찬가지로 당나라 역시 장안을 포함하는 경조부(京兆府)의 639년과 742년 통계를 보면 아래와 같다. 참고로 중국 역시 장안의 호구 수가 명확히 기

록된 자료는 없거든. 이에 수도권을 의미하는 경조부 인구를 토대로 소위 100만이라 추정하는 것이다.

639년 207,650호(戶) 923,320구(口)
742년 362,921호(戶) 1,960,188구(口)

이와 마찬가지로 《삼국유사》 속 17만 8936호(戶)라는 기록 역시 현재의 단순한 경주 시내 규모가 아니라 중국처럼 수도권을 포함시킨 내용으로 판단하면 충분히 이해될 수 있다. 즉 서울과 지금의 경기도처럼 경주와 경주 주위의 행정구역을 합친 수도권의 결과물로 본다면 말이지. 이 경우 얼추 당나라 전성기 규모의 2분의 1 정도 되는 거니까.

하지만 그럼에도 불구하고 17만 호는 너무 많다고 보아 또 다른 해석을 보이는 학자의 견해도 있다.

3. 경주에 호적을 둔 인구가 17만 호에 이르렀다는 주장

신라는 꾸준한 정복 정책을 통해 영토를 넓혔고 그 마무리는 통일신라 시대였다. 이 과정에서 전국을 9주 5소경으로 나누고 주요 지방 도시에는 수도 사람들을 적극 이주시켜 살게 했는데, 바로 이들의

당나라 장안성 복원도.

인구까지 합쳐 17만 호라는 주장이 있다. 즉 진골,
6~5두품 등의 경주 사람들이 지방의 여러 지역으로
이주했음에도 불구하고 여전히 자신의 호적을 경주
에 두었기 때문에 경주의 호수가 17만에 이르렀다
는 의미. 그럼 이 주장도 한 번 살펴볼까?

　　강수는 중원경(中原京; 충주) 사량부(沙梁部) 사
람이었다.

《삼국사기》 열전 강수

강수는 삼한일통 전쟁이 한창이던 시기 활동한 인물이다. 특히 그는 유학에 뛰어난 실력을 보여 당나라와의 외교 문서를 쓰고 해석하는 데 큰 역할을 맡았다. 덕분에 문무왕에게 6두품 관등인 사찬을 받았을 정도. 이를 통해 그가 6두품 인물임을 알 수 있다.

한편 《삼국사기》에는 강수가 신라의 5소경 중 하나인 중원경, 즉 충주 출신으로 사량부 사람이라 기록한다. 실제로 신라 5소경 중 하나인 서원경, 즉 청주에 위치한 국립청주박물관에는 '사량부속장지일명 기와(沙梁部屬長池馹銘片)' 라는 유물을 전시 중이다. 이는 곧 사량부가 새겨진 기와 파편이니, 말 그대로 사량부에서 구운 기와임을 알 수 있지. 문제는 이렇게 등장한 사량부가 경주 6부 이름 중 하나라는 점.

이에 기존의 학계 의견은 지방에 세운 5소경에도 경주처럼 행정구역상 6부를 구축하였기에 과거 5소경이 있던 충주와 청주에도 사량부라는 명칭이 등장한 것으로 해석해왔다. 마치 지금도 중구(中區)라는 행정구역이 서울을 포함하여 인천, 부산, 대전, 울산, 대구 등에도 존재하는 것과 마찬가지.

반면 이에 대해 본래 경주 6부 중 사량부에 호적을 둔 경주 사람이 충주, 청주로 이주한 뒤에도 여전

사량부속장지일명 기와. 사량부가 새겨진 기와 파편. 국립청주박물관.

히 자신이 경주 출신임을 알리기 위해 사량부를 언
급했다고 해석한다면? 그렇다. 강수의 경우 충주의
사량부 출신이 아니라 경주 사량부를 호적으로 둔
충주 사람이라 볼 수 있는 것이다. 마찬가지로 '사
량부속장지일명 기와' 역시 경주 사량부를 호적으
로 두고 이주한 집단이 만든 물건일 수 있고 말이
지.

　만일 그와 같다면 왜 이들은 경주에서 타 지역으
로 이주한 뒤에도 여전히 경주에 호적을 둔 것일까?
　이는 자신들의 정체성과 특권을 유지하기 위해

서는 경주에 호적을 연결해두는 것이 중요했기 때문이다. 신라는 진골, 6두품 등의 신분을 특히 중시했는데, 당시 거의 대부분의 귀족은 경주를 기반으로 활동하였다. 그런 만큼 신라 귀족의 경우 여러 이유로 지방에 가서 살게 되더라도 가능한 한 호적은 경주로 두어야 나중에 경주로 다시 돌아가든, 비슷한 가문과 결혼을 하든, 지방 도시 내 타 지방민과 구별되는 독자적 권위를 유지하든 쓰임이 많았던 것. 마치 사업이나 일 때문에 지방으로 이주한 서울 사람이 전입 신고를 하지 않은 채 여전히 서울에 주소를 두는 형식과 유사하려나?

덕분에 통일신라 시대 경주는 실제로 살고 있는 인구보다 훨씬 많은 호적을 지니게 되었으니, 그것이 다름 아닌 17만 호라는 거대한 호구 수라는 것이다. 참고로 당나라에서도 8세기 후반이 되면 호적에 기재된 주소에 그대로 살고 있는 인구가 크게 줄면서 호적 수치는 말 그대로 허수에 불과하게 된다. 신라 역시 이와 비슷한 상황이었는지도 모르지.

4. 신라 경순왕이 왕건에게 항복할 때 통치했던 범위의 인구가 17만 호라는 주장

태조(太祖, 왕건) 18년(935)에 경순왕 김부가 항

복해오자, 나라를 없애고 경주가 되었다.

《고려사》 지리 경상도 경주

935년 마지막 왕 경순왕이 고려에 항복하면서 신라는 멸망하고 만다. 그런데 당시 신라는 경주와 그 주변만 겨우 통치하고 있었으니, 이때 없어지면서 마지막 순간 통치하던 영역을 소위 경주라 부르게 되었다. 그 이전에는 서라벌 또는 금성이라 불렸거든, 그리고 바로 이때 경순왕이 고려 왕건에게 바친 신라 영역의 호구 수가 17만에 이른다는 주장이다. 하지만 이 경우 "전성 시대에 수도 내 호수가 17만 8936호(戶)"라는 《삼국유사》 내용과 맞지 않다. 전성 시대가 아니라 신라가 멸망할 시점 수치가 되니까.

이렇듯 경주 인구가 17만 8936호(戶)라는 기록에 대한 여러 주장이 있음을 쭉 살펴보았다. 개인적으로는 2번과 3번이 합쳐져 나온 결과라 생각하지만, 어쨌든 한때 한반도의 수도였던 경주에 엄청난 인구가 몰려 있었다는 것은 분명하군. 그런 만큼 당시 한반도 전체 인구의 정확한 규모는 알 수 없지만, 그럼에도 불구하고 경주 비중이 무척 높았을 것이라는 추정은 가능하다.

문제는 이처럼 집중적으로 밀집된 수도가 되면

여러 문제가 생길 수밖에 없다. 마치 지금의 대한민국 상황과 유사하다고 보면 이해가 쉽지 않을까? 오죽하면 대한민국을 서울 공화국이라 부를 정도니…. 마찬가지로 신라는 경주 공화국(?), 아, 아니 경주 왕국이었던 모양.

이런 상황을 심각하게 여겨서인지 몰라도 신문왕은 689년, 과감히 수도 이전을 꿈꾸게 된다.

신문왕의 개혁 정책

왕이 달구벌(達句伐; 대구)로 도읍을 옮기려 하
다가 실행하지 못하였다.

《삼국사기》 신라본기 신문왕 9년(689)

《삼국사기》에는 신문왕이 달구벌, 즉 대구로 수
도를 옮기려다 실패한 대목이 등장한다. 이는 신문
왕이 펼친 여러 정책 중 가장 야심 넘치는 장면이 아
닐까 싶군. 또한 마침 만파식적 사건이 벌어진 것으
로 알려진 또 다른 연도 690년과 가까운 시점이기도
했다. 앞서보듯 《삼국유사》에는 682년 또는 690년
에 만파식적 신화가 발생했다고 기록했으니까.

이때 신문왕은 즉위 초반 벌어진 김흠돌의 난을

제압한 후 다양한 정책을 펼치는 중이었다. 이를 간략히 살펴보면

1. 681년 위화부(位和府)에 장관 설치

위화부는 인사를 담당하던 기관으로 이곳에 장관을 두면서 신라 왕이 관료 인사권을 적극적으로 행사하게 된다. 이는 그동안 진골의 추천으로 이루어지던 인사권을 통제하기 위함이었다.

2. 682년 국학(國學) 설치

신문왕은 왕권을 제도적으로 신장하기 위해 유교 정치를 적극 도입하고자 했다. 이를 위해 아예 유교 교육을 전담하는 국학을 설치했는데, 이는 진골 중심으로 운영되던 기존의 화랑 제도와 구별되는 또 다른 교육 시스템이라 하겠다. 지금으로 치면 화랑제도 = 사관학교, 국학 = 국립 대학교와 유사할 듯.

그렇다면 이때 교육을 담당한 이는 과연 누구였을까?

방언(方言; 이두)으로 구경(九經; 유학 경전)을 풀이하여 후학들을 가르쳤으므로

《삼국사기》 열전 설총

흥미로운 점은 국학을 총괄하는 지위인 경(卿)의 경우 아찬 관등을 지닌 인물이 임용되도록 한 부분이다. 그런데 아찬은 신라 17관등 중 6등으로 6두품이 오를 수 있는 최고 관등이었다는 사실. 그 결과 위 기록처럼 설총 같은 진골이 아닌 인물이 국학에서 교육을 담당할 수 있었다. 이 역시 일정 부분 진골을 견제하는 시스템으로 국학이 만들어졌음을 의미한다.

3. 684년 보덕국 멸망

고구려 멸망 후 고구려의 마지막 왕인 보장왕의 외손자가 신라로 귀순했다. 그의 이름은 안승으로, 이때 문무왕은 나당 전쟁에서 고구려 유민의 협력을 이끌어내기 위해 그를 보덕국의 왕으로 봉했다. 그 결과 보덕국은 익산에 나라를 세울 수 있었으니, 신라의 제후국이 된다. 이는 곧 신라의 보호 아래 운영되던 국가임을 의미했다.

이후 문무왕은 나당 전쟁이 마무리된 후 680년 자신의 조카를 보덕왕 안승과 결혼시켜 고구려 유민 엘리트 집단을 신라에 예속시키기 위한 발판을 마련하였다. 그리고 신문왕은 본격적으로 고구려 유민을 통제하고자 했으니,

보덕왕(報德王) 안승을 왕경으로 불러들여 소판 (蘇判)으로 삼고, 김씨(金氏)의 성(姓)을 내려주었 으며, 수도에 머물게 하고는 훌륭한 저택과 기름진 토지를 내려주었다.

《삼국사기》 신라본기 신문왕 3년(683) 10월

소판은 신라 17관등 중 3등으로 진골만이 오를 수 있었다. 또한 경주로 온 안승은 왕족 성인 김씨 를 받았으며 부인도 이미 진골 김씨였기에 완벽한 신라 귀족으로 편입되기에 이른다. 이로써 고구려 계 진골 귀족이 된 것이다.

한편 신라 정부가 점차 자신들의 독립성을 인정 하지 않자, 684년 보덕국에서 반발이 일어났는데, 신문왕은 군대를 보내 제압한 후 이김에 보덕국을 없애버렸다. 이후 보덕국의 고구려인들은 경주에 배치되는 중앙군 9서당에 적극 편입되었으니, 벽금 서당(碧衿誓幢)과 적금서당(赤衿誓幢)이 다름 아닌 보덕국 사람들을 기반으로 한 9서당이다.

참고로 9서당은 신라 3서당, 백제 2서당, 고구려 1서당, 말갈 1서당, 보덕국 2서당으로 구성되었으 니, 신문왕 시절에 8서당이 구성된 후 효소왕 때 9서 당으로 완성되면서 국왕 직속 중앙군으로 이어졌

보덕국 지도.

다. 마치 청나라 8기군이 민족 통합 정책 일환으로 만주족, 몽골족, 한족으로 구성한 것과 유사한 모습이었던 것. 당연히 신라가 삼한일통을 이룩했음을 상징적으로 보여주는 군단이라 할 수 있겠지. 지금 눈으로 본다면 다민족 군단이 아닐까 싶다.

4. 685년 9주 5소경 정비

보덕국이 사라지자 신문왕은 신라 지방 행정구역을 9주 5소경으로 정비하였다. 이때 9주(州) 중 3주는 신라, 3주는 백제, 3주는 고구려 지역에 설치하였으니, 이 역시 삼한일통을 상징하는 모습이었다.

다음으로 5소경(小京)은 작은 수도라는 의미답게 지방 곳곳에 신도시를 설치하여 해당 지역의 중심지가 되게 만든 것이다. 지금 대한민국 역시 광역시라 하여 부산, 대구, 인천, 광주, 대전, 울산 등이 있는 것과 유사하다.

다만 이때도 김해에 위치한 금관경은 가야, 충주의 국원경 및 원주의 북원경은 고구려, 남원의 남원경 및 청주의 서원경은 백제 지역에 둠으로써 마치 삼한일통을 상징하도록 구성하였다. 즉 신라 영역에는 경주와 김해, 고구려 영역에는 충주와 원주, 백제 영역에는 남원과 청주라는 도시가 있는 모습이라 하겠다.

5. 687년 관료전의 지급과 689년 녹읍 폐지

지금까지 정책을 보면 알 수 있듯이 신문왕은 진골이 아닌 관료를 중심으로 하는 정치 시스템을 도입하기 위하여 남다른 노력을 했다. 이에 미래에 관료가 될 대상에게 유교 경전을 가르치고 신라 왕 주도로 관료를 뽑았으며, 고구려 유민 국가를 없앤 뒤 9서당이라는 새로운 중앙군을 설립한 데다, 9주 5소경이라는 지방 제도를 완성했다. 그렇다면 유교적 기준에 맞춰 선발된 관료들은 신라 왕을 위해 경주

뿐만 아니라 여러 지역으로 파견되어 활동했을 것이다.

이러한 관료들을 위하여 신문왕은 관료전을 도입했으니, 이는 관료들이 신분에 맞는 생활을 유지할 수 있도록 경제적 기반을 주기 위함이었다. 즉 '관료전'이라 불리는 땅에서 나오는 곡물로 임금을 받는 시스템이라 이해하면 좋겠군. 다만 관료가 퇴직하면 이를 국가에 반납해야 했기에 영구적으로 세습할 수 있는 토지는 아니었다. 그런 만큼 신라 왕에게 충성해야 보장받을 수 있었던 것.

관료전 시행 후 얼마 뒤 녹읍제도가 폐지되는데, 녹읍(祿邑)은 한자 그대로 관료로 복무하는 대신 녹(祿)을 지급할 때 일정한 지역, 즉 마을을 뜻하는 읍(邑)을 내리는 제도다. 이와 관련한 구체적 기록으로는 다음과 같은 내용이 있다.

> 청주(菁州; 진주) 거로현(居老縣; 거제)을 학생의 녹읍(祿邑)으로 삼았다.
>
> 《삼국사기》 신라본기 소성왕 원년(799) 3월

위 기록은 당시 국학(國學)에 다니는 학생에게는 학비가 제공되었는데, 이를 지금의 거제도에 위치한 거로현의 곡물로 했다는 의미다. 이런 방식은 관료에게 주는 녹읍도 마찬가지였다. 예를 들면 A지역에 대한 세금을 걷을 권리를 줌으로서 관료의 임금을 보장하는 방식.

그렇다면 관료전과 녹읍의 차이는 무엇일까? 분명 둘다 땅에서 나오는 곡물을 임금으로 주는 것인데 말이지. 이에 학자들은 관료전과 녹읍의 차이점에 대한 여러 주장을 펼치고 있지만 구체적인 차이는 사실 정확히는 알 수 없다. 관련 사료가 너무나도 부족하기 때문. 다만 관료전 도입 후 불과 2년 뒤 녹읍을 폐지한 것으로 보아 두 시스템의 내용이 조금 다르리라 추정할 뿐이다.

중앙과 지방 관리들의 녹읍(祿邑)을 혁파하고, 해마다 조(租)를 차등을 두어 주는 것을 법으로 정하였다.

《삼국사기》 신라본기 신문왕 9년(689)

신문왕은 녹읍을 폐지하고 대신 조(租)를 관등에 차등을 두어 주도록 하였다. 이는 정부가 세금으로 걷은 쌀을 시기마다 관료들에게 임금으로 배분했음을 의미했다. 당연히 토지에 대한 중앙정부의 영향력을 강화시켜 관료들이 직접 땅을 관리하는 대신 간접적으로 쌀을 받도록 한 것. 이 역시 신라 왕과 중앙 정부의 힘을 강화하는 정책과 연결된다.

여기까지가 신문왕의 주요 정책이다. 이렇듯 개혁 정책을 쉼 없이 펼친 신문왕이었기에, 지금도 수능, 공무원 시험, 한국사능력검정 시험에 등장할 가능성이 높은 인물로서 자리 매김하게 된 것이다. 그렇다. 이처럼 역사에 오래 남는 사람이 되고 싶으면 다양한 정책을 만들어 성공적으로 자리 잡게 만드는 인물이 되도록 하자. 단순한 정치인, 대통령이 역사에 남는 것이 아니라 새로운 정책을 적극 도입한 인물이 역사에 오래 남거든. 이것이 다름 아닌 앞으로 1000년 뒤 한반도의 시험에 등장하는 인물이 될 수 있는 최고의 방법이라 생각되는군.

결국 이러한 여러 개혁 정책 중 하나로서 689년, 대구 천도를 꺼낸 신문왕이라 하겠다. 하지만 그 강력한 추진력을 지닌 신문왕에게도 이번 일만은 쉽지 않았다. 결국 실패로 돌아갔으니까. 이 부분에 대한 이야기는 다음 챕터에서 이어갈까?

이제 버스에서 내릴 때가 되었거든. 어느덧 경주 시내로 들어왔네. 원하는 목적지로 가려면 내려서 버스를 갈아타야 함.

금입택

첨성대 근처인 월성동주민센터 정류장에서 내렸다. 시간을 확인해보자. 오전 9시 32분이로군. 버스에서 내리니 어느덧 태양이 서서히 하늘 중앙으로 올라서고 있네. 길을 건너 버스를 타고 오늘은 신문왕릉을 가볼 예정. 어찌 하다보니 이번 여행의 주인공이 된 만큼 찾아뵙고 인사 드려야지. 첨성대에서 도보로 50분 거리이지만 오늘은 걷지 않고 버스를 타고 가려 한다. 그럼 버스를 기다리며 이야기를 이어가보자.

앞서보았듯 신문왕은 여러 정책을 펼치며 왕권을 강화시키고자 노력했다. 그 과정에서 수도 이전까지 추진하였으니 그 이유는 무엇이었을까?

재상의 집에는 녹(祿)이 끊어지지 않으며, 노비가 3000명이나 되고, 병사와 소·말·돼지도 이에 맞먹는다. 가축은 바다의 산에 방목을 하였다가, 필요할 때에 활을 쏘아서 잡는다. 곡식을 남에게 빌려주어서 늘리는데, 기간 안에 다 갚지 못하면 노비로 삼아 일을 시킨다.

《신당서》 동이열전 신라

통일신라 시대를 묘사한 중국 기록이다. 이 당시 당나라 사신은 경주를 방문하여 진골 귀족들의 삶에 적잖게 놀랐던 모양. 재상의 집에는 녹이 끊이지 않고 노비가 3000명이나 되었다는 묘사가 이를 보여준다. 노비가 3000명이라면 1호(戶)당 5명으로 나누면 약 600호에 해당할 정도의 엄청난 규모다. 참고로 노(奴)는 남자종, 비(婢)는 여자종을 의미함.

잠시 조선 시대 이야기를 하자면 1494년 홍문관 부제학이었던 이맹현은 노비 757명을 자손에게 상속하였으니, 이는 현재까지 진하는 상속 문시 중 가장 많은 노비 숫자 기록이다. 마찬가지로 1586년 퇴계 이황도 5명의 자녀에게 모두 367명의 노비를 상속했다는 기록이 남아 있지. 무엇보다 조선 전기에는 1품에 해당하는 왕실의 종친과 부마는 노비 150

명, 2품 이상의 문무관은 130명으로 노비 상한선을 두었는데, 이는 남자 노비의 숫자만 제한한 것이라 2품 이상의 최상위층은 남녀 합쳐 대략 300명 정도의 노비를 법적으로 보유할 수 있었다. 이렇듯 조선시대에도 대단한 숫자의 노비를 양반이 소유했지만, 통일신라 진골과 비교하면, 음, 최소 4배에서 최대 10배 정도 차이가 나는군. 이렇듯 노동력 기반에서 조선 양반은 진골 귀족의 경쟁 상대가 아니었던 것이다.

이렇듯 어마어마한 노동력을 기반으로 진골 귀족은 거대한 저택을 경주에 두고 살았으니..

경주에는 서른다섯 개 금입택(金入宅)이 있었으니 남택(南宅)·북택(北宅)·우비소택(亏比所宅)·본피택(本彼宅)·양택(梁宅)·지상택(池上宅)·재매정택(財買井宅)·북유택(北維宅)·남유택(南維宅)·대택(隊宅)·빈지택(賓支宅)·장사택(長沙宅)·상앵택(上櫻宅)·하앵택(下櫻宅)·수망택(水望宅)·천택(泉宅)·양상택(楊上宅)·한기택(漢岐宅)·비혈택(鼻穴宅)·판적택(板積宅)·별교택(別教宅)·아남택(衙南宅)·김양종택(金楊宗宅)·곡수택(曲水宅)·유야택(柳也宅)·사하택(寺下宅)·사량택(沙梁宅)·정상택(井上宅)·이남택(里南宅)

· 사내곡택(思內曲宅) · 지택(池宅) · 사상택(寺上宅) · 임상택(林上宅) · 교남택(橋南宅) · 항질택(巷叱宅) · 누상택(樓上宅) · 이상택(里上宅) · 명남택(椧南宅) · 정하택(井下宅) 등이다.

《삼국유사》 기이 진한

《삼국유사》에는 경주의 금입택이라는 저택을 소개한다. 이 중 재매정택(財買井宅)은 다름 아닌 김유신 가문의 저택이며 이와 유사하게 김양종택(金楊宗宅)은 9세기에 활동한 김양종이라는 진골 귀족의 저택이다. 참고로 김양종은 신라 시대 지금의 국무총리와 유사한 시중(侍中)을 역임한 고위층이었다.

이렇듯 위의 경주 저택들은 여러 대를 이어오던 진골 귀족과 연결점이 있음을 알 수 있다. 이에 대다수의 학자들 역시 금입택에 대해 진골 귀족의 저택과 더불어 양택(梁宅), 사량택(沙梁宅), 본피택(本彼宅), 한기택(漢岐宅)처럼 신라 6부 명칭이 있는 저택의 경우 궁궐의 일종으로 파악하고 있다.

물론 위의 기록은 전성기 시점 경주의 모습을 묘사하는 것이지만 신문왕 시절에도 이미 이런 분위기는 싹트고 있었을 것이다. 백제, 고구려 영토를 장악하면서 어마어마한 영토 확장을 이룩한 신라가

좌│서쪽 상공에서 바라본 재매정. 위│재매정 복토 건물지
아래│재매정 초석 및 기단.

경주로 수많은 유민들을 데리고 왔기 때문.

> 왕이 사로잡은 고구려인 7000명을 데리고 수도
> 로 들어왔다.
>
> 《삼국사기》 신라본기 문무왕 8년(668) 11월 15일

이처럼 포로가 된 고구려, 백제 유민들은 경주로
와 왕실과 귀족들에게 분배되었고, 이런 상황은 정
복 전쟁이 마무리되는 때까지 꾸준히 이어졌다. 더
나아가 고구려, 보덕, 백제, 말갈로 이루어진 중앙군
9서당 역시 경주에 지내며 활동했는데, 이들의 신분
은 군인이지만 지휘하는 인물은 역시나 진골이었
다.

> 신문대왕 때에 고구려의 남은 적인 실복(悉伏)
> 이 보덕성(報德城)에서 반란을 일으켰다. 신문왕이
> 그것을 토벌할 것을 명하였다. 김영윤을 황금서당
> 의 보기감(步騎監)으로 삼았다.
>
> 《삼국사기》 열전 김영윤

김영윤은 아버지가 그 유명한 반굴이다. 반굴은
계백의 5000 결사대와 황산벌에서 결전할 때 관창
과 함께 화랑 신분으로 힘껏 싸우다 죽은 인물이자

핏줄로는 김유신의 조카였다. 그런 김영운이 684년 고구려 유민이 세운 보덕국이 난을 일으키자, 황금서당의 장교로서 토벌에 나선 것. 흥미롭게도 황금서당은 9서당 중 고구려 유민을 주축으로 조직된 군단이었기에 신라가 고구려 유민의 반란을 고구려 유민으로 제압했음을 보여준다. 그리고 황금서당의 장교 중 하나가 신라 진골이었던 만큼 이처럼 군인이 된 고구려, 백제, 말갈 사람들의 통솔 역시 진골이 맡았을 것이다.

여기까지 보았듯 진골이 경주 내 지닌 영향력과 인원 동원력은 상상 이상이었다. 결국 이러한 분위기를 일신하기 위해 신문왕은 수도 이전을 추진했던 것. 수도가 이전되면 진골 역시 가문의 저택과 인력을 대규모로 이동시켜야 했으며, 그 과정에서 가문마다 어마어마한 비용이 소모될 테니까. 뿐만 아니라 신라 왕의 경우 새로운 수도를 건설하는 명목으로 여러 비용을 진골에게 부담시킬 수 있고 말이지.

만일 대구로 수도가 이전했다면

저기 버스가 오는군. 버스를 타자마자 내리는 문 근처 의자에 빠르게 앉는다. 금방 신문왕릉에 도착할 테니까. 밖에 있다보니 조금씩 아침의 시원함은 사라지고 더위가 찾아오려는 모양이군. 태양의 힘이란…. 그런데 더위 하니 갑자기 옛 생각이 나네.

이동하면서 대구를 잠시 생각해본다. 나는 군대 시절 대구에서 7~8월을 보낸 적이 있다. 공군 방공포병 훈련소가 그곳에 있었기 때문. 뿐만 아니라 당시에는 군대 막사에 에어컨이라는 문명의 이기는 당연히 존재하지 않았기에 더위 그 자체를 24시간 오롯이 몸으로 부딪치며 이겨내야만 했다. 다행히 훈련소 내에서는 반팔 반바지로 활동할 수 있었지

대구 앞산 공원 전망대에서 바라본 대구 분지 도시 뷰. 사진 게티이미지

만, 오전부터 이미 땀에 젖어서 시큼함이 느껴졌지. 이렇게 대구에서 보낸 약 6주 간 인간의 몸에서 얼마나 땀이 나올 수 있는지 확인하며 더위에 학을 뗀 기억이 난다. 지금까지도 여름마다 기억날 정도. 이후로 어떤 더위도 그때 추억을 이길 수 없었거든.

하지만 더위로 유명한 대구의 또 다른 특징은 널따란 분지가 만든 평야가 아닐까 싶군. 참고로 대구 앞산 공원 전망대에 가면 이를 분명하게 확인할 수 있다. 군 제대 후 어느 날 국립대구박물관을 들렀다 할 일이 없어 케이블카를 타고 대구 남쪽에 위치한 앞산에 올라간 적이 있었는데, 뜻밖에 어마어마한 도시 뷰를 만났거든. 학창 시절 교과서에서 배운 대구 분지를 이제야 눈으로 직접 확인한 것이다. 광활한 평지에는 도시의 건물로 가득하니, 왜 신문왕이 이곳을 수도로 삼고 싶었는지 절로 이해되더군. 너무나 아름다웠다. 이 뷰는 결국 대구에 올 때마다 훈련소보다 신문왕이 먼저 생각나게 되는 이유로 남게 된다.

그렇다면 만일 대구로 수도가 옮겨졌다면 그 후의 신라 역사는 어떻게 진행되었을까? 글쎄.

역사란 가정이 없다지만 그럼에도 상상을 해보자면 대구의 넓은 평야에 정확히 구획을 나눈 왕궁과 수도를 건설했었겠지. 마치 당나라 장안성(長安城)처럼 말이지. 실제로 8세기에 만들어진 일본의 수도인 헤이조쿄(平城京)는 당나라 장안성을 그대로 모방하여 만들어졌고, 8세기 만들어진 발해의 수도인 상경성(上京城)도 마찬가지였다. 이때 장안성은 동서 9.5km, 남북 8.5km인 반면 헤이조쿄는 동서 4.2km, 남북 4.7km였으며, 상경성은 동서 4.6km, 남북 3.5km였다. 즉 장안성의 4분의 1 규모로 비슷한 시점에 일본, 발해의 수도가 만들어진 것.

마찬가지로 수도를 대구로 옮겼다면 신라 역시 만만치 않은 규모로 도시를 건설했을 것이다. 아무래도 당시 국력과 문화 수준으로 볼 때 당나라 장안성과 비교하여 최소한 3분의 1 규모로 만들어지지

장안성을 그대로 모방하여 만들어진 일본의 수도 헤이조쿄(平城京)..

않았을까? 신라가 일본, 발해보다는 분명 실력이 위인 나라였으니까.

하지만 신문왕의 수도 이전은 689년 실패로 끝났다. 《삼국사기》에는 자세한 이야기가 담겨 있지 않으나 당연히 진골의 반발이 대단히 심했던 것으로 추정해볼 수 있겠지. 오랜 기간 경주에 기반을 둔 진골에게는 수도 이전은 결사 반대해야 할 중대 사건일 테니까. 앞서 살펴본 진골의 강력한 권력도 오랜 기간 경주를 기반으로 쌓아온 것이기 때문.

가만 생각해보니 2000년 중반 대한민국에서도 수도 이전으로 만만치 않은 대립이 있었던 기억이 나네. 오죽하면 당시 헌법재판소에서 "수도가 서울이라는 것은 관습헌법" 이라는 생각지 못한 논리를 가져와서 큰 이슈가 되었을 정도였지. 그런데 당시 헌법재판소 판사들의 집은 과연 어느 곳에 많이 있었을까? 이처럼 어느 시대든 기득권의 반대를 이기고 수도를 이전하기란 참으로 힘든 일인가보다.

한편 신문왕의 수도 이전 실패는 신라 역사에서 적잖은 충격이었을 것이다. 김흠돌의 난 이후 진골을 견제하고 6두품을 중심으로 한 관료층을 적극 성장시키려던 신문왕의 정책이 큰 암초를 만난 격이니까. 무엇보다 즉위 후 한시도 멈추지 않고 이어지던 개혁이라는 파도가 한 단계 더 높은 곳을 넘으려는 순간 실패를 맛보면서 신라 왕의 열정마저 이전과는 많이 달라지지 않았을까? 뿐만 아니라 이번 사건으로 인해 왕과 진골 간에 발생한 대립 역시 적극적으로 풀어야 할 문제로 다가왔을 테고.

이러한 분위기에서 수도 이전에 실패한 다음 해를 배경으로 한 만파식적 신화가 등장한다. 이는 다름 아닌 690년을 배경으로 한 만파식적이라 하겠다. 이렇듯 발생 년도부터 무척 의미심장하단 말이지. 자. 이제 버스에서 내려볼까? 신문왕릉 근처에 도착했으니까.

6
2차 만파식적

신문왕릉

버스에서 내려 조금 걸으니 신문왕릉 주차장이다. 여기서 입구로 쑥 들어가면 담장 안에 위치한 신문왕릉을 만날 수 있지. 입구에 들어서자 소나무가 고분 주변을 빙 두르고 있는 멋진 장면이 등장한다. 주차장에 SUV를 포함한 승용차가 몇 대 있더니, 역시나 예상대로 고분 주위를 한 바퀴 돌아보는 어린이를 포함한 관람객들이 보이는걸. 아무래도 날이 좋다보니, 가족 여행인가보네.

한편 대중에게 잘 알려진 경주 시내에 위치한 대릉원은 왕릉을 포함한 여러 고분이 섞이듯 함께 있는 형식인 반면 이곳은 오직 하나의 왕릉을 위해 존재하는 공간인지라 흥미를 끈다. 대릉원은 4세기 말에서 6세기 초반까지 구성되었지만, 이곳은 7세기 후반~8세기 초반의 왕릉인 만큼 그 사이에 무덤을 만드는 격식이 크게 달라졌기 때문. 이렇듯 7세기로 들어오면서 신라 왕은 일정한 공간을 오롯이 자신만의 무덤을 위해 사용하고 있다.

이는 왕마저 왕실 일원 중 하나로서 힘을 선보이던 대릉원 시대와 달리 7세기가 되자 오직 왕 그 자체만으로 권력의 정점이자 특별한 존재로서 바라보았기 때문이 아닐까? 실제로도 7세기 이후부터 신라 왕의 경우 일정한 공간을 오직 자신만 사용하는 방식으로 능이 만들어졌으며, 이렇게 능을 만드는 방식은 조선 시대까지 쭉 이어졌다. 알다시피 조선 왕릉도 방문해보면 일정한 공간에 오직 왕과 왕비만 함께하도록 디자인되어 있거든. 이렇듯 무덤 양식의 변화를 살펴보면 신라 왕이 시기마다 어떤 존재로서 인식되었는지 살펴볼 수 있지.

당연히 이러한 왕릉 디자인의 변화는 왕권 강화책이 성공적으로 안착된 결과이기도 하다. 이에 왕을 유일무이한 특별한 존재로 인식시키기 위한 방법이 능 디자인에도 적극 도입된 것. 그리고 이러한 정책은 신문왕이 선보인 개혁 정책에서 일관적으로 보이는 모습이기도 했다.

다만 이곳 신문왕릉에 대해 실제로는 신문왕이

대릉원 경주 시내에 위치한 대릉원은 4세기 말에서 6세기 초반까지 구
성되었으며, 왕릉을 포함한 여러 고분이 섞이듯 함께 있는 형식이다.

©Park Jongmoo

신문왕릉. 7세기로 들어오면서 신라 왕은 일정한 공간을 오롯이 자신만의 무덤을 위해 사용하게 되었다. ©Park Jongmoo

아닌 그의 아들 효소왕의 능이라는 주장이 강력히 존재한다. 그렇다. 만파식적에 태자로 등장하는 효소왕. 바로 그의 능일 수도 있다는 것.

가을 7월에 신문왕이 죽었다. 시호를 신문(神文)이라 하고 낭산(狼山)의 동쪽에 장사지냈다.

《삼국사기》 신라본기 신문왕 12년(692) 7월

이처럼 신문왕을 낭산 동쪽에 장사지냈다고 기록되어 있거든. 그런데 현재 신문왕릉은 낭산 남쪽에 위치한다는 사실. 정말 이상하지? 반면 효소왕에 대해서는 다음과 같은 기록이 있다.

가을 7월에 왕이 죽었다. 시호를 효소(孝昭)라하고 망덕사(望德寺) 동쪽에 장사지냈다.

《삼국사기》 신라본기 효소왕 11년(702) 7월

반면 효소왕은 망덕사 동쪽에 장사지냈다고 기록되어 있다. 망덕사가 어디냐면 방금 내린 정류장에서 도로를 건너면 망덕사지(望德寺址)라는 옛 사찰 터가 존재하는데, 바로 그곳이다. 문제는 망덕사지가 신문왕릉 서쪽에 위치한다는 사실. 이는 곧 망덕사의 동쪽에 위치한 왕릉이 다름 아닌 이곳임을 알 수 있다. 오히려《삼국사기》속 효소왕릉 위치와 이곳이 일치하는 것이다.

그렇다면 왜《삼국사기》의 위치와 다른 장소가 신문왕릉으로 알려지게 된 것일까? 이는 조선 시대인 영조 6년(1730) 경주 김씨 사람들이 경주의 여러 고분에 주인을 정하는 중 해당 고분을 다름 아닌 신문왕릉으로 지정했기 때문이다. 즉 조선 후기에 들어와 조상 묘를 새로이 정하면서 생겨난 오류라 하겠다. 덕분에 현재 학계에서는 어느 정도 의견이 통일되어 현재의 신문왕릉을 효소왕릉으로 보고 있다.

그런 만큼 이곳에서 효소왕에 대해 이야기해보자.

효소왕의 지지 세력

　고분의 봉토 아래 부분에는 돌로 마치 성벽을 쌓듯 5층으로 올린 후 이를 빙 한 바퀴 둘렀으며, 중간 중간 삼각기둥의 돌을 총 44개 배치하여 벽처럼 쌓은 돌이 무너지지 않도록 하였다. 덕분에 이곳 고분을 보다보면 간결하고 짜임새 있는 독특한 미감이 매력적이다. 마치 미니멀리즘 작품 같은 분위기가 느껴진다고 할까? 그래서인지 이곳을 방문할 때마다 개인적으로 미니멀리즘 작품이 근처에 함께 배치된다면 꽤 어울릴 것 같다는 상상을 하곤 한다. 신라의 미니멀리즘과 현대의 미니멀리즘이 함께하는 모습. 음. 물론 실현 가능성은 거의 없겠지만.

　한편 효소왕의 재위 기간은 11년으로 아버지인

신문왕릉은 고분의 봉토 아래 부분에는 돌로 마치 성벽을 쌓듯 5층으로 올린 후 이를 빙 한 바퀴 둘렀으며, 중간 중간 삼각기둥의 돌을 총 44개 배치하여 벽처럼 쌓은 돌이 무너지지 않도록 하였다. ⓒPark Jongmoo

신문왕의 12년 통치 기간과 비슷했는데, 이 시기에 귀족을 대표하는 상대등에 오른 인물을 한 번 주목해보자. 참고로 상대등은 지금의 국회의장과 유사한 지위였다. 지금도 의전 서열에 있어 대통령이 1위이고 국회의장이 2위인 것처럼 신라 시대에도 신라 왕 다음가는 위치에 상대등이 있었던 것.

그런데 효소왕 시절인 694년에는 김문영이 695년에는 김개원이 각각 상대등에 임명되었다. 특히 김개원은 효소왕이 죽고 다음 왕인 성덕왕이 즉위한 시점에도 여전히 상대등으로 활동하였으니 사실상 효소왕 시절 대부분을 권력 2인자로 있었던 인물이다. 아무래도 김문영이 상대등이 된 후 얼마 되지 않아 죽자 김개원이 이어받은 것으로 보이는데, 주목해서 볼 부분은 이들 두 명이 신문왕의 새 결혼식에 등장했던 인물이라는 점.

> 이찬 문영(文穎)·개원(愷元)을 보내 김흠운 집에 이르러 작은딸을 부인(夫人)으로 책봉하였다.
>
> 《삼국사기》 신문왕 3년(683) 5월 7일

이는 신문왕과 신목왕후가 결혼식을 할 때 왕비에 오를 여성을 우선 부인으로 책봉하는 모습이다. 그런데 해당 행사를 진행한 인물이 다름 아닌 김문영과 김개원이었던 것. 덕분에 효소왕 시절 두 사람 모두 상대등이 된 것이니, 보통 인연이 아니다. 이 중 김문영은 김유신과 남다른 인연이 있던 인물로 서 앞에서 설명을 이미 했지. 그렇다면 이번에는 김 개원을 살펴볼 차례로군.

김개원은 태종무열왕 김춘추와 김유신의 여동생 인 문명왕후 사이에서 태어난 막내아들이다. 당연 히 김유신과 남다른 인연이 있으니, 삼촌과 조카 사 이다. 덕분에 가야계 진골 피가 있는 막내 왕자이자 효소왕 시절에는 어느덧 왕실의 큰 어르신이 된 것 이다. 무엇보다 신라의 최고 영광기인 삼한일통 시 대를 직접 경험한 인물들 중 하나였기에 사회의 대 접도 남달랐겠지. 실제로 그는 고구려 원정까지 적 극 참전했기에 지금으로 치자면 6.25를 경험한 나이 든 참전용사 같은 느낌이 아니었을까.

한편 김개원 입장에서는 조카의 아들이 왕이 되 었기에 상대등이 되었어도 신라 왕과 친밀한 관계 를 유지하고자 노력했을 것이다. 태종무열왕의 막 내아들로서 자신의 가문에서 성공한 왕실이 계속 이어질 수 있도록 말이지. 이처럼 효소왕의 경우 어 머니인 신목왕후의 결혼식 때 적극적으로 행사를 이끈 인물들의 지지가 왕권을 유지하는 데 큰 도움 이 되었음을 알 수 있다. 뿐만 아니라 이는 곧 김유신과 인연 있는 인물들이 태종무열왕 – 문무왕 – 신문왕을 이어 효소왕 시대까지 적극적으로 중앙 정치에 개입하며 활동했음을 의미했다.

이러한 상황이었던 만큼 만파식적 이야기 속 신라 왕실과 김유신으로 대표되는 귀족 세력 간의 화합이 다시 한 번 더 주목받을 시기가 아니었을까?

효소왕과 만파식적

　　일연은 《삼국유사》에 만파식적을 기록하면서 사건이 발생한 시점을 다음과 같이 표기해두었다.

> 임오(壬午; 682년) 5월 초하루에(어떤 책에는 천
> 수(天授) 원년(690년)이라고 했으나 잘못이다.)
>
> 《삼국유사》 기이 만파식적

　　즉 고려 시대만 하더라도 682년, 690년으로 각각 발생 시기를 달리하는 만파식적 기록이 존재했던 것. 그 결과 일연은 자료를 수집하여 글로 옮기는 과정에서 감은사가 완성된 시점에 맞추어 만파식적을 682년에 발생한 사건이라 여겼다.

그런데 682년으로 맞추면 한 가지 큰 오류가 발생한다. 바로 효소왕과 만파식적의 관계가 바로 그것. 만일 만파식적이 발생한 시기를 682년으로 본다면 당시 효소왕은 6살에 불과하고 만파식적이 발생한 시기를 690년으로 본다면 당시 효소왕은 14살이거든.

문제는 만파식적에 등장한 효소왕은 어린아이가 아닌 성인처럼 행동하고 있다는 점이다.

신문왕이 감은사에서 유숙하고, 17일에 기림사 서쪽 냇가에 이르러 수레를 멈추고 점심을 먹었다. 태자 이공(理恭) 즉 효소대왕(孝昭大王)이 대궐을 지키고 있다가 이 소식을 듣고는 말을 달려와서 하례하고 천천히 살펴보고 말하기를,

"이 옥대의 여러 쪽들이 모두 진짜 용입니다."
라고 하였다. 왕이 말하기를, "네가 어떻게 그것을 아는가?"라고 하셨다. 태자가 아뢰기를, "쪽 하나를 떼어서 물에 넣어보면 아실 것입니다."라고 하였다. 이에 왼쪽의 둘째 쪽을 떼어 시냇물에 넣으니 곧 용이 되어 하늘로 올라가고, 그곳은 못이 되었다. 이로 인해 그 못을 용연(龍淵)으로 불렀다.

《삼국유사》 기이 만파식적

이렇듯 효소왕은 태자 신분에 걸맞게 왕이 먼 지역으로 행차를 떠나자 대신 궁을 지키고 있었다. 차기 왕이 될 인물로서 꽤나 책임감 있는 모습이다. 뿐만 아니라 아버지가 신묘한 일을 경험했음을 듣자 곧장 말을 타고 달려오더니 옥대에서 용이 등장하는 기이한 일을 직접 선보였다. 이로서 신문왕과 효소왕 모두 용과 남다른 인연이 만들어진 것이다.

과연 이런 효소왕의 모습을 682년 시점 불과 6살 아이의 행동이라 볼 수 있을까? 반면 690년의 14살이라 본다면 얼추 이해되는 모습이다. 당시에는 15살이면 성인으로 본데다 10대 중반이라면 어느덧 화랑으로 활동하던 나이니까.

한편 《삼국사기》에 따르면 다음과 같은 기록이 있다.

> "봄 3월 1일에 왕자(王子) 이홍(理洪)을 태자로 봉하였다."
>
> 《삼국사기》 신라본기 신문왕 11년(691) 3월 1일

이에 따르면 689년 대구로 수도를 이전하는 계획이 실패하고 → 690년 배경으로 한 만파식적 사건이 발생한 뒤 → 691년 효소왕을 태자로 세우는 구조가 만들어진다. → 더 나아가 692년 신문왕은 죽음을

맞이하거든. 기묘할 정도로 완벽하게 딱딱 맞아 들어가지?

그렇다면 위 구조를 바탕으로 상상력을 더해 스토리텔링을 만들어보자.

1. 689년 대구로 수도를 이전하려는 야심찬 계획이 실패하며 신라 왕과 귀족 간에 대립이 심해지자, 신문왕은 즉위 초처럼 군신 간 화합을 다시 한 번 도모하게 된다.

2. 그런데 690년에는 마침 큰 아들이 14살에 이르렀고 다음해 성인이 되는 15살 시점에 맞추어 태자로 승격시키고자 한 만큼 이번 행사에서는 큰 아들까지 군신 행사에 적극 참여하도록 하였다. 행사를 마친 뒤인 691년 신문왕은 계획대로 큰 아들을 태자로 승격시켰다.

3. 692년 신문왕이 죽음을 맞이하자 차기 왕이 된 효소왕을 도와 김유신과 인연이 있던 세력들은 여전한 충성을 맹세했고, 국왕을 지지하는 진골을 대표하여 김문영과 김개원이 2인자인 상대등에 올라 왕을 돕는다.

라는 구조가 그것.

그런 만큼 효소왕을 위해 기존의 682년 배경으로 한 신문왕의 이야기에 690년의 태자 이야기를 더하여 신문왕 – 효소왕으로 대를 잇는 왕권 신화로서 만파식적 신화를 확장시킨 것이다. 즉 '김흠돌의 난을 제압한 직후 군신 간 화합을 도모한 682년 만파식적' + '수도 이전 실패로 인한 군신 간 대립을 해결하고 더 나아가 마침 성인이 되는 왕자를 태자로 높이고자 한 690년 만파식적' = 《삼국유사》 속 만파식적' 이라 하겠다.

　　그리고 이처럼 하나로 합쳐진 두 시대 이야기 덕분에 고려 시대까지 682년 또는 690년에 사건이 발생한 것처럼 만파식적이 알려진 것이 아닐까 싶다.

7

옥대 신화

진평왕릉을 향해

　어느덧 오전 10시 35분이다. 이곳 구경을 다 했으니, 슬슬 진평왕릉으로 이동하려 한다. 진평왕릉은 낭산 동쪽에 위치한 고분으로 내가 지금 서 있는 이 자리에서 직선으로 약 1.6km 거리다. 만일 걸어서 간다면 이론상 거미줄처럼 퍼져 있는 주변 논길을 따라 북동쪽으로 쭉 올라가면 되는데, 단 한 번도 그렇게 가본 적은 없다. 더욱이 점차 더워지고 있어서인지 도전 의식마저 생기지 않는군.

　그럼 어떻게 가냐면 그냥 택시를 타면 된다. 스마트폰을 꺼내 카카오택시 어플을 눌러 진평왕릉 도착으로 설정해놓으니, 5분 뒤 이곳으로 택시 도착이라 뜨는군. 이렇게 택시가 도착하면 타고 이동하

낭산

면 끝. 지불은 어플에 연동시킨 카드로 자동으로 결제되니 굳이 지갑마저 열 필요가 없다. 뿐만 아니라 택시를 타면 6분 걸린다고 어플에 나오는 등 여행 스케줄 짜기도 무척 편하다. 이것이 IT 시대 경주를 여행하는 법.

그런데 왜 갑자기 진평왕릉에 가는 걸까? 그 이유는 방금 "낭산 동쪽에 위치한 고분"이라는 표현에서 이미 눈치챘을 듯하지만. 그렇다. 사실 몇몇 학자들은 현재 진평왕릉이라 불리는 고분을 신문왕릉으로 판단하고 있거든. 그러한 만큼 어차피 여행을 시작한 김에 신문왕의 진짜 무덤일 가능성이 높은 장소까지 방문해보려 한다.

하나씩 퍼즐을 맞춰볼까?

> 가을 7월에 신문왕이 죽었다. 시호를 신문(神文)
> 이라 하고 낭산(狼山)의 동쪽에 장사지냈다.
>
> 《삼국사기》 신라본기 신문왕 12년(692) 7월

이에 따르면 낭산 동쪽에 위치한 고분이 신문왕
릉이라는 의미인데, 현재 낭산 동쪽에는 다음과 같
은 고분이 남아 있다.

1.가릉(假陵) 2.설총묘 3.진평왕릉

즉 3개의 고분 중 하나가 신문왕릉이라는 뜻인
데, 아, 마침 택시가 주차장에 도착했네. 그럼 택시
를 타고 이야기를 이어가자. 문을 열고 으차.

"안녕하세요. 진평왕릉 가시죠?"

"네."

택시 기사님과 간단한 인사 후 뒷자리에 앉았다.
택시는 도로를 따라 신나게 달리는데, 오른편으로
낭산이 보이는군. 저 낭산 정상에 선덕여왕릉이 있
는데 말이지. 아무래도 오늘은 못 갈 듯하군. 그럼
선덕여왕은 다음 기회에 만나기로 하고.

다시 아까 이야기로 돌아와, 음, 맞다. 낭산 동쪽으로

가릉. ⓒPark Jongmoo

세 개의 고분이 존재하는 것까지 이야기했었지.

1. 우선 가릉(假陵)부터 살펴보자면 가(假)라는 뜻에 임시, 가짜 등의 의미가 있는 만큼 왕릉으로 만

들다가 사용하지 못한 무덤을 뜻한다. 가릉의 위치는 낭산 황복사지 바로 동쪽에 위치하고 있다. 낭산에서 본다면 약 130m 동쪽.

한편 가릉에 대한 발굴 조사 결과는 다음과 같다. 왕릉을 만들려 했으나 알 수 없는 이유로 미완성으로 마무리된 듯하다. 석재 디자인과 만들고자 한 고분 형태 등을 미루어볼 때 축조 시기는 8세기 중반으로 추정. 그렇다면 신문왕릉 후보에서 탈락이다. 신문왕은 7세기 후반 세상을 떴으니 말이지.

2. 설총묘는 낭산에서 동쪽으로 1.2km에 위치한다. 설총은 원효의 아들이자 신문왕~성덕왕 시절 유학자이자 문장가로서 유명했던 인물이지. 그런데 왕이나 진골 귀족도 아니었던 설총의 무덤이 지금까지 존재하다니 실로 놀라운 일이 아닐 수 없군.

다만 설총묘의 경우 지름 15m에 높이 7m 정도로 꽤 큰 크기지만 왕릉인지는 확실하지 않다. 이는 효소왕릉일 가능성이 무척 높으나, 현재 신문왕릉으로 지정되어 있는 고분의 경우 지름 29.3m, 높이 7.6m 정도인 것과 비교된다 하겠다.

3. 마지막으로 진평왕릉의 경우 낭산에서 동쪽으로 800m 거리이며 지름 36.46m, 높이는 7.91m이

다. 그렇다. 위치뿐만 아니라 크기 면에서도 분명 왕릉이라 불릴 만하지. 그렇다면 축조된 시기 등을 살펴봐야 하는데.

오호. 벌써 진평왕릉 주차장이네. 기사님과 인사를 나누고 택시와 헤어진다. 진평왕릉 안으로 들어가 더 자세한 이야기를 이어가볼까?

진평왕릉 앞쪽으로 펼쳐진 넓찍한 들판 ⓒ Park Jeongwoo

고즈넉한 분위기

넓찍한 들판 가운데에 위치한 진평왕릉을 방문하니 기분이 좋은걸. 훌륭한 분위기에 비해 관람객이 많지 않아 한적한 것이 좋다. 경주를 방문한다면 한 번쯤은 슬쩍 이곳을 여행해보자. 개인적으로 추천하고 싶군. 특히 고분 주위의 나무들이 아름답거든. 오늘도 고목이라 불릴 만한 수백 년 된 큰 기둥의 나무들과 어지러이 하늘을 향해 퍼져 있는 줄기가 내 눈길을 잡네. 이 중에서도 진평왕릉의 상징인 왕버들이 가장 매력적.

나무를 즐기며 걷다보니 고분에 도착했다. 워낙 거대 고분이 많은 경주인지라 막상 보는 순간 상대적으로 아담하게 보일 뿐 사실 꽤 큰 규모를 자랑한다. 이곳도 마찬가지로 조선 시대인 영조 6년(1730) 경주 김씨 사람들이 해당 고분의 주인을 정한 뒤로 진평왕릉으로 알려진 채 이어지는 중. 그렇다면 진평왕은 어떤 인물이었을까?

진평왕은 579년부터 632년까지 53년을 신라 왕으로 있었으니, 조선 시대 영조가 52년 재위를 한 것에 버금간다고 하겠다. 한반도를 기반으로 한 왕 중에서 이 기록을 넘는 인물로는 지금 내 머릿속에서는 고구려의 장수왕 정도만 생각나는군. 참고로 장수왕은 무려 97세까지 살며 79년 간 재위했거든. 영조는 83세까지 살았다. 의료 기술의 한계가 있던 근대 이전 삶으로 볼 때 두 사람 모두 상당히 장수한 편이지. 아, 아니 장수왕은 요즘 기준으로 볼 때도 상당히 장수한 편이다. 그렇다면 진평왕은 설사 10대 나이에 왕이 되었다 하더라도 세상을 뜰 때 나이가 70에 가까웠을 듯한데, 태어난 시기가 정확히 남아 있지 않아 무척 안타깝네.

뿐만 아니라 진평왕은 그 유명한 선덕여왕의 아버지라는 사실. 즉 진평왕의 나이를 미루어 추정하면 선덕여왕은 즉위 당시 50에 가까운 나이였음을 알 수 있다. 참고로 이번 여행과 연결되는 6세기 후반부터 8세기 중반까지 신라 왕위는 다음과 같이 이어졌다.

진평왕릉, ©Park Jongmoo

진평왕 → 선덕여왕 → 진덕여왕 → 태종무열왕
→ 문무왕 → 신문왕 → 효소왕 → 성덕왕

이를 바탕으로 역사 흐름을 따라가보면 진평왕
시절인 595년 김유신이 태어났고, 시일이 어느 정도
지나 김유신 여동생과 김춘추가 결혼했다. 그 결과
가야 피가 섞인 문무왕이 626년 태어난다. 여기까지
가 진평왕 시절 주요 사건이며, 나름 삼한일통의 씨
앗이 준비된 시기다.

선덕여왕, 진덕여왕 시절이 되면 김유신은 신라
의 군사권을, 김춘추는 정치, 외교를 장악하였다.
그러다 654년 드디어 김춘추가 신라 왕에 오르면서
태종무열왕이 되었고, 김유신은 권력 2인자인 상대
등에 오른다. 이윽고 660년 신라는 당나라와 연합하
여 백제를 멸망시켰는데 그 직후 태종무열왕은 죽
음을 맞이하였다.

661년 문무왕이 즉위하고 이번에는 당나라와 함
께 668년 고구려를 멸망시켰다. 그런데 고구려, 백
제 멸망 후 당나라가 한반도를 자신의 영향력에 두
려 하자 670~676년 동안 나당 전쟁이 일어났다. 그
중간 시점인 673년 김유신이 병으로 죽음을 맞이한
다. 여러 어려움 속에서 나당 전쟁을 결국 승리로
마무리한 문무왕은 681년 죽고 신문왕이 왕위에 올

랐다. 통일신라 시대의 시작이다. 그 뒤로는 신문왕의 큰 아들인 효소왕, 둘째 아들인 성덕왕이 왕위를 이어받는다.

이렇듯 진평왕 시절은 삼한일통을 이룩한 김유신 김춘추 가문의 동맹이 시작된 시점이었다. 그런 만큼 김유신, 김춘추 두 가문에 있어 진평왕 시절은 매우 의미가 있는 시대였을 터. 그래서인지 모르겠지만 만파식적에서 용이 신문왕에게 선물한 옥대와 유사한 이야기가 진평왕에게도 존재했다는 사실.

왕이 배를 타고 그 산에 들어가니, 용이 검은 옥대를 가져다 바쳤다.

《삼국유사》 기이 만파식적

이는 앞서 보았듯 만파식적에 등장하는 옥대 이야기다. 동해의 용이 된 문무왕과 천신이 된 김유신이 피리와 더불어 신문왕에게 선물한 물건 중 하나였거든. 반면 진평왕에게는 다음과 같은 옥대 이야기가 전해지고 있다.

왕이 즉위한 원년에 천사가 궁전의 정원에 내려와 말하기를 "상제께서 나에게 명하여 이 옥대를 전해주라고 하셨습니다." 하였다. 왕이 친히 꿇어 앉아 그것을 받으니 천사가 하늘로 올라갔다. 무릇 나라의 큰 제사 때에는 항상 이것을 허리에 찼다.

후에 고구려 왕이 신라 정벌을 도모하면서 말하기를 "신라에는 세 가지 보물이 있어 범할 수 없다고 하는데, 무엇을 말하는 것인가?" 하자, 신하가 말하기를 "황룡사(皇龍寺)의 장육존상(丈六尊像)이 그 첫째요, 그 절의 구층탑이 둘째이며, 진평왕의 천사옥대가 그 셋째입니다." 하였다. 이 말을 듣고 계획을 그치었다.

《삼국유사》 기이 천사옥대

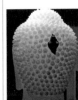

황룡사 장육존상의 유일하게 남아있는 유물은 나발. ©Park Jongmoo

그렇다. 진평왕 역시 공교롭게도 즉위한 시점 천사가 내려와 옥대를 선물했던 것이다. 또한 옥대의 명성을 듣고 고구려에서는 신라 공격 계획을 멈출 정도였으니, 그 존재만으로 평화를 만들어낸 기물이었던 것. 마치 만파식적에서 피리를 불면 평화가 찾아온다는 것과 유사한 느낌이네.

황룡사 구층목탑의 1/10 모형. ©Park Jongmoo

이처럼 얼핏 비슷한 구조를 지닌 두 옥대 신화를 비교하다보면 묘한 의문점이 생긴다. 혹시 진평왕의 옥대 신화를 바탕으로 약 100년 뒤 구성된 이야기가 만파식적이 아니었을까? 그렇다면 진평왕 역시 왕으로 즉위할 당시 마치 신문왕 때처럼 남달리 왕실의 권위를 높여야 할 분위기였는지 궁금해지는군.

정통성을 상징하는 물건

사실 진평왕은 왕이 되지 못할 뻔한 인물이다. 진흥왕에게는 동륜과 사륜이라는 왕자가 있었는데, 이중 태자인 동륜의 아들이 다름 아닌 진평왕이었거든. 그러나 동륜이 진흥왕보다 먼저 죽으면서 왕위는 결국 둘째 아들인 사륜이 잇게 된다. 그렇게 사륜은 신라 왕이 되어 현재 진지왕으로 역사에 남는다. 하지만 진지왕은 즉위한 지 불과 4년 만에 왕위에서 쫓겨나고 말았으니,

진지왕이 나라를 다스린 지 4년 만에 주색에 빠져 음란하고 정사가 어지러우므로 나라 사람들이 그를 폐위시켰다.

마치 조선 시대 연산군과 비슷한 모습이 연출된 것이다. 그 결과 진평왕은 삼촌을 대신하여 새로운 신라 왕으로 즉위할 수 있었다. 당연히 이와 같은 신라 왕의 폐위와 즉위는 여러 진골의 적극적 움직임의 결과였겠지. 상황이 이러했던 만큼 진평왕은 무너진 신라 왕실의 권위를 다시금 세울 필요가 있었다. 그 과정에서 도입된 신화가 다름 아닌 하늘에서 준 옥대였던 것. 이로써 신라 왕은 하늘이 준 권력자라는 이미지를 갖출 수 있으니까.

한편 진평왕이 하늘로부터 얻은 옥대 이야기는 만파식적에 그 흔적이 일부 남아 있다.

> 왕이 사신에게 일러 말하기를 "내 듣건대 상대 (上代)의 진평왕 때에 만파식적이 있었다고 들었지만 지금은 있는 곳을 알지 못한다." 하였다.

《삼국유사》 기이 원성대왕

이렇듯 8세기 후반 만파식적을 언급하면서 진평왕 때부터 만파식적이 있었다는 내용이 그것. 본래 만파식적은 7세기 후반인 신문왕 시절 벌어진 사건이었는데, 왜 이런 기록이 등장한 것일까? 이는 진

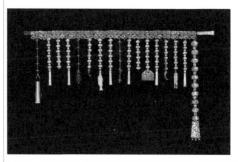

금관총 금제 허리띠. 국립경주박물관. 진평왕이 하늘로부터 받은 옥대는 과연 어떤 모습이었을까? 실물이 없어 안타깝다. ⓒPark Jongmoo

평왕의 옥대 이야기에 살이 붙으며 발전한 것이 다름 아닌 신문왕의 만파식적이었기 때문이다. 그 과정에서 본래 진평왕의 '옥대'가 하던 역할을 신문왕에 이르러서는 '검은 옥대와 만파식적'이 함께 그 역할을 맡게 된 것. 덕분에 당시 사람들은 옥대와 만파식적을 마치 동일한 성격을 지닌 기물처럼 인식하였으며, 그 결과 위처럼 진평왕 때부터 만파식적이 있었다고 표현하기도 했음을 보여준다.

뿐만 아니라 시간이 지날수록 옥대와 만파식적 모두 단순히 한 시대의 권력자를 위한 물건이 아니라 대를 이어 나라의 정통성을 잇는 물건으로 인식되기에 이르렀다.

우선 앞서 만파식적 신화를 보았지만 신문왕을 이어 그의 아들 효소왕에게도 왕권의 적통을 상징하는 물건으로서 만파식적이 표현되고 있었지. 만파식적을 이어받으며 신문왕 – 효소왕으로 왕위 정통성이 이어지는 모습이 그것. 이러한 모습은 태종무열왕 적통이 끊어지고 새로운 왕계가 세워졌을 때에도 여전했으니.

> 원성왕의 아버지 대각간 효양(孝讓)이 대대로 전해져오는 만파식적(萬波息笛)을 왕에게 전했다. 왕은 이것을 얻었으므로 하늘의 은혜를 두텁게 입어 그 덕이 멀리까지 빛났다.
>
> 《삼국유사》 기이 원성대왕

원성왕은 태종무열왕 적통이 끊어진 후 새로운 신라 왕실을 연 인물이다. 내가 쓴 책《일상이 고고학, 나 혼자 강원도 여행》 32쪽에 자세히 나온다. 이 뒤부터 원성왕의 후손들이 신라 왕에 오르거든. 그런데 마침 원성왕의 왕위 정통성을 상징하는 물건으로서 만파식적이 등장한 것이다. 이는 만파식적을 이어받는 모습을 통해 원성왕에게 신라 왕이 될 수 있는 정통성이 생겼음을 보여준다.

한편 옥대 역시 마찬가지였다. 우선 만파식적에서는 신문왕이 용으로부터 검은 옥대를 받고 효소왕이 옥대가 가진 비밀을 풀면서 차기 신라 왕이 될 정통성을 보여준다. 이렇듯 만파식적과 검은 옥대는 유사한 역할을 맡고 있었던 것.

뿐만 아니라 기록에 따르면 진평왕의 옥대는 신라가 멸망하는 시점 고려 왕건의 손에 들어갔으니,

여름 5월 김부(金傅)가 금을 상감하고 옥을 넣은 네모진 허리띠를 바쳤는데 길이가 10위(圍; 약 150cm)이고 대구(帶鉤; 고리 장식)가 62개였다. 신라에서 보물로 간직한 지 거의 400년이 되었는데 세상에서는 성제대(聖帝帶)라 불렀다. 왕은 이를 받고 원윤(元尹) 익훤(ℓ萱)에게 명하여 물장성(物藏省; 공예품을 관리하는 관청)에 보관하게 하였다.

《고려사》 태조 20년(937) 5월 2일

여기서 김부는 신라의 마지막 왕 경순왕이다. 그가 항복하면서 금과 옥으로 장식된 허리띠를 고려 왕건에게 바쳤으니, 이는 소위 성제대(聖帝帶)라 불리는 물건이었다. 과거 진평왕이 성골(聖骨) 왕이었기에 성골이 사용한 옥대라 하여 당시 성제대라 부른 것이다.

이는 곧 신라 왕의 정통성을 상징하는 물건을 고려에 넘김으로써 새로운 왕조로 완전히 힘이 넘어갔음을 알리는 의미 있는 사건이었다. 당연히 신라 왕에서 고려 왕인 왕건으로 한반도를 통치하는 정

통성이 이어짐을 상징하기도 했다. 만일 저 유물이 지금까지 남아 있었다면 박물관에 전시되며 국보 중 국보라 불렸을 텐데…. 참으로 아쉽네.

이렇듯 한때 신라 왕권을 상징하던 옥대와 만파식적은 일본에서 왕위의 정통성을 상징하는 물건으로 잘 알려진 삼종신기(三種の神器)의 사용 방식과 무척 닮았다. 오죽하면 지금도 일본에서는 새로운 천황이 즉위할 때마다 전 천황이 소유하고 있던 삼종신기를 물려받는 문화가 남아 있거든. 이 역시 일본 신화에 따르면 과거 태양신이 전해준 것이라 하더군. 즉 하늘에서 받은 신물로서 세 개의 기물이 지금까지 일본에는 존재하고 있는 것이다. 이를 미루어볼 때 하늘로부터 전해 받은 왕권을 상징하는 기물에 대한 전설은 고대 시절 매우 중요하게 여긴 전통이었음을 알 수 있다.

삼종신기.

여기까지 살펴보았듯 진평왕 시절 등장한 옥대 신화는 100년 뒤 신문왕의 만파식적 신화에 큰 영향을 준 것이 분명해 보인다. 덕분에 옥대와 만파식적 모두 유사한 스토리텔링과 함께 왕위의 정통성을 상징하는 물건으로 널리 인식된 것이다. 그렇다면 만파식적 신화는 신문왕 때 국가적 행사로 개최된 문무왕 제사라는 배경에다 진평왕의 옥대 신화를 기반으로 한 새로운 스토리텔링을 더해 완성한 것이 아니었을까?

진평왕릉의 축조 시기

왕버들나무 그늘 아래에 있으니 무척 시원하네. 어쩌다보니 나무 밑에서 세상 근심을 잊은 채 즐기며 만파식적의 기원까지 살펴보았다. 그럼 이곳을 방문한 원래 목표대로 진평왕릉의 신문왕릉 설을 최종적으로 정리해보기로 할까? 이를 위해서는 먼저 낭산 동쪽에 위치한 고분임에도 왜 진평왕으로 정해졌는지부터 살펴보아야겠군.

진평왕릉의 위치에 대해 《삼국사기》는 다음과 같이 기록하고 있다.

봄 정월에 왕이 돌아가셨다. 시호를 진평(眞平)이라고 하고, 한지(漢只)에 장사지냈다.

이렇듯 지역 명칭으로 한지(漢只)가 등장하는군. 즉 한지를 찾으면 진평왕릉의 위치를 알아낼 수 있다는 의미. 그런데 이때 한지는 신라 6부 중의 하나인 한기부(漢祇部)를 뜻한다. 학창 시절 국사 시간에 배웠듯이 경주에는 총 6개의 부가 있었으니, 이를 소위 경주 6부 또는 신라 6부라 부르거든. 사량부(沙梁部), 양부(梁部), 모량부(牟梁部), 본피부(本彼部), 한기부(漢祇部), 습비부(習比部)가 바로 그것.

문제는 오랜 시간이 지난 지금 경주 6부의 위치를 정확히 알 수 없다는 사실. 오죽하면 학자들마다 주장이 다르며 그에 따른 위치 및 범위도 제각각일 정도니까. 이런 상황은 이곳 고분을 진평왕릉으로 정한 조선 시대에도 마찬가지였다. 이에 따라 조선 영조 시절인 1730년, 경주 김씨 사람들은 한지원(閑地原)으로 불리던 이 주변을 과거 신라 시대 한지(漢只)라 여기게 된다. 이것이 바로 한지원에 있던 고분을 진평왕릉으로 정한 이유다. 그러나 지금은 한지원이 고려 현종 이후에 생긴 지명인 만큼《삼국사기》에 등장하는 한지(漢只)가 아닌 것으로 판단하는 중. 즉 이곳이 한지가 아니라면 처음부터 진평왕릉으로 보기 힘들게 된다.

그렇다면 고분의 크기와 디자인을 통해 제작 시기를 추정해봐야겠군. 왜냐면 신라의 고분은 특정 시점 비슷한 크기와 방식으로 제작되는 유행의 흐름이 있었기 때문이다. 예를 들면 4세기 후반에서 6세기 초반까지 만들어진 경주 대릉원의 고분이 있다. 마침 대릉원의 고분들은 거대한 크기뿐만 아니라 축조 방식까지 동일한 모습을 보이니까.

이를 바탕으로 살펴보면,

1. 앞서 이야기했듯 진평왕릉은 지름 36.46m, 높이는 7.91m이다. 그런데 이와 크기가 거의 유사한 경주 고분이 있으니 태종무열왕릉이 바로 그것. 태종무열왕릉은 지름 36.3m, 높이 8.7m이거든. 서로 위치가 다른 곳에 있을 뿐 거의 쌍둥이 같은 크기라 하겠다. 실제로 두 고분을 비슷한 거리에서 사진을 찍은 뒤 각각 비교해보면 형태가 무척 유사하여 놀라울 정도.

2. 진평왕릉 주변을 돌며 상세히 찾아보면 봉분 아래 부분에 호석(護石)이라 불리는 받침돌이 여럿 보인다. 호(護)에 보호한다는 의미가 있는 만큼 호석이란 무덤의 외부에 둘러 봉분을 보호하는 돌이

진평왕릉. ©Park Jongmoo

태종무열왕릉. ©Park Jongmoo

라는 의미. 특히 이곳 고분을 살펴보니 자연석을 거칠게 다듬은 후 호석으로 사용하고 있는데, 이와 유사한 모습이 태종무열왕릉에도 등장한다. 태종무열왕릉 역시 고분 주변을 돌다보면 봉분 아래 부분으로 호석이라는 자연석을 다듬은 받침돌이 여럿 보이니까.

이렇듯 태종무열왕릉과 진평왕릉은 그 크기뿐만 아니라 고분에 호석을 사용한 방법까지 비슷한 모습이라 하겠다. 덕분에 진평왕릉을 신문왕릉으로 인식한 채 살펴보면 자신의 무덤을 동해 바다의 바위로 한 문무왕을 뺀 채 태종무열왕 ─ 신문왕으로 연결시켜 고분의 흐름을 이해할 수 있게 된다. 그리고 이러한 호석 디자인은 시간이 지나며 더욱 정교해지면서 현재 신문왕릉이라 알려진 효소왕릉이 등장하게 된 것이다.

자. 여기까지 보았듯이 고분 형태가 태종무열왕릉을 무척 닮아 있는 데다 낭산 동쪽에 위치하고 있기에 진평왕릉이 아닌 신문왕릉으로 보는 의견이 근래 들어 강하게 등장하고 있다. 나 역시 이런 근거를 바탕으로 살펴보니, 이곳이 다름 아닌 신문왕릉으로 보이는군.

그럼 여기까지 이야기를 마치고 길을 건너 카페에 들어가 잠시 휴식을 취하자.

위 | 진평왕릉 호석. 아래 | 태종무열왕릉 호석. ©Park Jongmoo

8
금척 신화와 이견대

경주 아무카페

12시가 되어 바로 길 건너 동쪽에 위치한 아무카페에 들어왔다. 참고로 아무 카페나 들어갔다는 의미가 아닌 카페 이름이 다름 아닌 아무카페임. 휴, 문을 열자 마자 에어컨 바람이 시원하네. 좋아. 잠시 더위를 피해 휴식을 취하며 한동안 카페에서 좀 쉬어야겠다. 서서히 더위에 지쳐가고 있었거든.

아무카페 외부와 차 세트 ©Park Jongmoo

아무카페는 시골 같은 주변 분위기 속 매력적인 이름만큼이나 현대적 감각으로 우뚝 서 있어 신비한 느낌으로 다가온다. 한편 이곳은 커피 맛집으로도 은근 잘 알려져 있다고 함. 하지만 난 커피를 마시지 않아서 말이지. 커피를 마시면 밤에 잠을 못 자거든. 그러나 걱정 말자. 이곳은 커피뿐만 아니라

아무카페 내부. ©Park Jongmoo

차도 맛있기 때문.

　메뉴를 보다가 해바라기망고차와 함께 크루아상을 주문했다. 음식이 준비되기 전까지 카페를 쭉 둘러본다. 아기자기한 물건이 이곳저곳 잘 배치되어 있어 눈으로 보는 맛이 있군. 이렇게 잘 꾸며진 카페를 방문할 때마다 나도 이런 장소를 만들고 싶다는 꿈을 꾸곤 하지. 상상을 해볼까? 카페에는 내가 쓴 책을 포함하여 여러 여행 + 역사책을 배치하여 마치 서점처럼 꾸미는 거다. 당연히 책도 파는 거지. 하하.

하지만 이런 카페는 운영하는 것이 보통 어려운 것이 아닐 테니까, 나는 가끔씩 들러 분위기를 즐기는 것으로 만족해야겠다. 주문한 음료가 나와 2층으로 올라간다. 2층 유리창을 통해 바깥을 보니 더욱 매력적이네. 시골 길 옆으로는 기와집도 보이고 세련되게 만들어진 현대식 주택도 보인다. 저 멀리 산이 있고 나무는 푸른색을 뽐내는구나. 위치가 참으로 명당이네.

앉아서 빵과 차를 음미해보자. 여행에서는 이런 휴식이 또 다른 즐거움을 주거든. 중간중간 여행 도중 휴식의 달콤함. 힘든 여행으로 피곤한 다리 근육을 풀어보자. 이렇게 시간을 좀 보내다보니, 여행으로 지친 몸에 활력이 돌면서 다시금 정신이 돌아온다. 그러더니 갑자기 금척 신화가 떠오르는걸.

이성계의 금척 신화

경기도 구리시에 가면 조선 태조 이성계의 능이 있다. 소위 건원릉이라 부르지. 그런데 건원릉에는 거북이 모양의 귀부가 있으니, 이를 태조건원릉신도비(太祖健元陵神道碑)라 부른다. 나름 보물로 지정된 유물로서 높이 4.48m의 품격 있는 모습을 자랑 중. 돌로 근엄하게 조각된 거북 위로 비석이 새워진 형태라 하겠다.

한편 비석에는 당대 최고 문신인 권근(權近, 1352~1409년)이 이성계의 삶을 요약한 문장을 남겼다. 이성계가 어떤 가문 출신이며, 어떤 과정을 통해 왕이 되었고, 그의 자손이 누구인지 등등. 이를 통해 능의 주인이 누구인지 알려주고자 한 것이다.

참고로 건원릉신도비의 문장은 《조선왕조실록》
에 그대로 옮겨 있는 만큼 전체 내용이 궁금하신 분
은 《조선왕조실록》을 참조하면 좋을 듯싶군. 방법
은 간단하다. 정부 기관인 국사편찬위원회에서 한
국사 데이터베이스라는 사이트를 운영하고 있는데,
여기서 자료를 찾으면 되거든. 네이버에 '한국사 데
이터베이스'라고 치면 바로 나옴. 한편 이곳에는
《삼국사기》,《삼국유사》,《고려사》,《조선왕조실록》
등이 번역, 정리되어 있기에 역사를 좋아하는 이에
게 나름 강력 추천하는 사이트이다.

그럼 비문 시작 부분을 살펴볼까? 여기에 다름
아닌 금척 신화가 등장하니까.

하늘이 덕이 있는 이를 돌보아 나라를 통치할
운을 열어주실 적에는 반드시 먼저 기이한 행적이
나타나 그 부명(符命; 상서로운 징조)을 밝게 하니,
하나라에서는 현규(玄圭; 검은 색 홀(笏))를 내려준
일이 있었고, 주나라에서는 협복(協卜; 꿈을 점치
고 강태공을 얻은 일화)의 꿈이 있었다.

한나라 이후로도 대대로 이러한 일이 있었으니,
모두 천수(天授; 하늘)에서 나온 것이요, 인모(人謀;
사람의 꾀)에서 나온 것이 아니다. 우리 태조대왕
(太祖大王; 이성계)께서 잠저(潛邸; 왕이 즉위하기

태조건원릉신도비. 건원릉.

전 거처하던 집)에 계실 때, 공덕이 이미 높았으며,
부명(符命; 상서로운 징조)도 또한 나타났었다.

　　꿈에 어떤 신인(神人)이 금척(金尺)을 가지고 하
늘에서 내려와 그것을 주면서 말하기를, "공은 마
땅히 이것을 가지고 나라를 바로잡으리라." 하였으
니, 하나라의 현규(玄圭)와 주나라의 꿈과 똑같은

일이라 하겠다.

《조선왕조실록》 태종 9년(1409) 4월 13일

이성계는 조선을 건국한 인물이다. 그런 그에게 왕이 되기 전 신묘한 일이 일어났으니, 비록 꿈이기는 하나 하늘에서 내려온 신인이 금척을 주는 것이 아닌가? 금척은 금으로 만든 자를 의미한다. 이때 선인은 이성계에게 이 물건을 가지고 나라를 바로 잡으라 이야기한다. 이를 미루어볼 때 금척은 마치 만파식적에 등장한 피리, 검은 옥대 등과 유사한 성격의 물건이었던 것.

해당 꿈을 무척 중요하게 여긴 조선 왕조는 나라를 건국한 다음 해인 1393년 '몽금척(夢金尺)'이라는 궁중 음악을 선보인다. 이는 이성계의 오른팔인 정도전이 왕실 개창의 정당성을 알리기 위해 만든 것으로, 이후 '몽금척'은 국가 의례 때마다 중요한 음악으로 사용되었다. 이는 18세기 영조, 정조 시절까지도 여전히 이성계가 하늘에서 받은 금척 신화와 더불어 이를 기반으로 한 '몽금척'이라는 궁중 음악에 왕이 직접 관심을 둘 정도로 중요하게 여겼고, 더 나아가 1900년 고종 시절에는 대한제국 최고 훈장으로 금척대훈장(金尺大勳章)이 만들어졌는데, 이 역시 이성계의 금척 신화를 바탕으로 두고 있

금척대훈장

궁중 음악 '몽금척'

었다. 현재는 전통 궁중 음악을 보호, 유지하기 위해 국립국악원 행사에서 종종 '몽금척'을 공연하고 있는 중. 혹시 음악을 듣고 싶다면 국립국악원 공연을 가지 않더라도 유튜브에 몽금척을 검색하면 나오니 한 번 찾아보자.

이렇듯 이성계가 하늘로부터 받은 금척은 단순한 조선 건국 신화가 아니라 후대 왕들에게도 왕권의 신성함과 정통성을 연결시켜주는 매개체로 활용되었다. 다만 그 도입 과정이 말처럼 쉬운 일만은 아니었다. 조선은 다름 아닌 유교 국가를 표방하는 국가였기 때문. 유교에서 비판하는 괴력난신 같은 이야기가 다름 아닌 금척 신화이니 고민이 클 수밖에.

괴력난신을 역사로 인식하는 과정

미래를 예언한 문서와 괴상한 꿈은 믿을 것이
못 된다. 우리 태조의 창업은 실로 하늘의 뜻과 사
람의 마음에 기초한 것이니, 비록 금척(金尺)·보
록(寶籙; 예언서)의 이상함이 없더라도 창업하지
못하겠는가?

《조선왕조실록》 태종 12년(1412) 1월 29일

누구보다 유교 국가 군주로서 정체성이 뚜렷했
던 태종 이방원은 조선을 건국한 아버지에게 괴력
난신 일화가 있다는 것이 무척 고민이었던 듯하다.
신인에게서 금으로 만든 자를 받아 새로운 나라를
세웠다는 일화를 궁중 음악으로 만들어 널리 알리

는 것이 과연 유교 가치관과 맞는 것인지 의문이 들었기 때문. 이성계 아들인 태종의 이런 반응을 보면 아무래도 꺼림직한 느낌이 조금 든다. 정도전이 조선 개창의 신성함을 알리기 위하여 일부러 만든 신화일 가능성이 커 보인다는 의미.

몽금척과 수보록은 태종이 일찍이 말씀하기를, "꿈속에 있었던 일과 도참지설(圖讖之說)을 가지고 공덕을 칭송하는 노래로 부르는 것이 마땅치 않다."고 하시니, 하륜이 굳이 청하여 수보록은 악부에 편입하고, '몽금척'은 일찍이 악부의 가사에 오르지 못하였다.

기해년에 태종이 나(세종)에게 말씀하시기를, "일찍이 '몽금척'은 꿈속의 일이라고 하여 버리고 쓰지 않았다. 그러나 다시 생각하니 주나라의 무왕도 '짐의 꿈이 짐의 점과 맞았다.'고 말하였으니, '몽금척'을 악부에 올리게 하는 것이 옳겠다."고 하셨다.

《조선왕조실록》 세종 14년(1432) 3월 16일

이에 태종은 이성계의 일화 중 괴력난신 같은 이야기를 담은 '몽금척', 그리고 '수보록'을 궁중 음악에서 아예 빼고자 했다. 참고로 '수보록'은 '몽금척'과 마찬가지로 1393년 정도전이 발표한 궁중 음악이다. 이성계가 아직 왕이 아닌 시절, 어떤 사람이 지리산 돌벽 속에서 그가 장차 왕이 되리라는 글이 적힌 기이한 책을 얻어 바쳤다는 일화를 담은 노래였거든. 괴력난신이라면 질색하던 태종이었으나, 신하가 청하니 이 중에서 더 말이 안 되는 내용이라 여긴 꿈을 기반으로 한 '몽금척'만 우선 빼도록 했다.

하지만 시일이 지나 1419년 상왕이 된 태종은 주나라 일화를 떠올린다. 마침 유교 세계관에서 무척 중요한 인물로 손꼽는 중국의 주나라 무왕에게도 꿈과 연결되는 기묘한 일화가 있었으니까. 이에 많은 고민 끝에 당시 왕이던 세종에게 말하길 '몽금척'을 궁중 음악으로 다시 넣으면 좋겠다는 의견을 보인 것이다. 그 결과 세종은 시일이 더 지나 돌아가신 태종의 의견이라며 '몽금척'을 궁중 음악으로 다시 넣도록 명한다.

이렇게 세종에 의해 드디어 궁중 음악으로서 '몽금척'이 완전히 자리 잡게 되니, 이를 실제 역사와 연결시키는 분위기가 무르익게 되는데 마침 그럴듯한 중요 사건이 과거에 있었거든.

1380년 당시 고려의 장수였던 이성계는 지리산에서 왜군을 상대로 큰 승리로 이끌었으니, 이 전투를 소위 '황산대첩' 이라 부른다. 이후 고려 정치계에서 남달리 주목받는 권력자가 된 그는 정도전을 위시한 신진사대부와 함께 1392년 조선을 세웠고, 이후 황산대첩은 조선 왕실에서 매우 남다른 의미를 지니게 된다. 나라를 지켜낸 이성계의 무공이 조선 왕실의 정통성을 만들었기 때문. 그런데 이 사건을 다름 아닌 금척 신화와 연결한 것이다.

干戈盡化耕鑿居
(전쟁 모두 끝나 경작하고 우물 파고 사니,)
崆峒麥熟桑麻閑
(공동산(崆峒山)에는 보리 익고 뽕나무와 삼나무는 한가롭구나.)
由來大德民慕羶
(대덕(大德)으로 다스리면 백성은 누린내를 사모하니,)
天與金尺君東韓
(하늘은 동쪽 한(韓)나라의 임금에게 금척을 주었다네.)

유호인의 '황산가(荒山歌)' 중 일부

조선 성종 시절의 문인인 유호인(兪好仁, 1445~1494년)이 '황산가' 라는 시를 지었는데, 황산대첩을 한참 묘사하다 후반부에는 전쟁이 끝난 뒤의 분위기를 위처럼 표현하였다. 평화를 누리는 백성의 모습이 바로 그것. 그러더니 다음으로 "하늘은 동쪽 한(韓)나라의 임금에게 금척을 주었다."라는 내용을 언급한다. 이때 한(韓)은 신라의 삼한일통 이후 한반도 영역을 의미하는 또 다른 표현이었기에 이는 곧 조선을 의미했다. 황산대첩과 함께 금척 신화가 언급된 것.

이러한 흐름은 세월이 지나 살이 붙으며 더욱 구체적 일화로 이어진다.

마이봉(馬耳峯): 고을 남쪽 10리 거리인 마령면 동촌 뒤에 있는데, 전체가 돌덩이인 두 봉우리가 멀리 구름 위에 솟아 있어 그 형체가 말의 귀와 같다. 일명 '속금산'이라고도 한다.

야사를 살펴보면, 태조 고황제(이성계)께서 등극하기 전에 일찍이 꿈에 신인이 금척 하나를 주면서 이르기를, "바라건대 장차 이 자로 삼한(三韓)의 강토를 재시오."라고 하였다. 태조가 깨어나 이상하게 여겼는데, 그 뒤에 운봉에서 승첩을 거두고 바야흐로 전주로 개선하던 길에 마이산에 올라 그 돌봉우리를 보니 묶어서 뾰족이 솟아난 모양이 꿈속에서 본 금척과 흡사하였기에 그 산의 이름을 고쳐

마이봉.

'속금산'이라 하였다.

진안지(鎭安志)

이는 전라북도 마이산에 알려진 일화로 비록 이 기록은 20세기 초반의 것이나 조선 시대부터 이미 이런 이야기가 널리 유행했던 모양. 즉 전주와 지리산 중간에 위치한 마이산에서 이성계가 신인을 만나 금척을 받고 황산대첩에서 승리했는데, 이후 다시 마이산에 들르니 봉우리의 모습이 마치 금척을 닮은 것이 아닌가? 이에 마이산을 '속금산'이라 부르게 된다. 이때 속금산(束金山)의 속금이란 '금을 묶다'라는 의미를 지니고 있었으므로 이 역시 금척과 연결되는 지명임을 알 수 있다. 덕분에 지금도 마이산이 있는 전라북도 진안군에서는 금척과 관련된 행사를 하고 있을 정도.

이렇듯 금척 신화는 새로운 나라를 개창한 이성계를 화려하게 포장하기 위해 만들어진 괴력난신이었다. 하늘에서 그 정통성을 인정했다는 스토리텔링으로 대중에게 먹히도록 말이지. 그러다 조선 왕실에서 이를 궁중 음악으로 보여줌으로써 점차 실제 역사 및 지역과 연결되는 모습으로 이어진다. 이를 통해 우리는 괴력난신이 실제로 존재한 역사로 인식되는 과정을 살펴볼 수 있었지. 이는 곧 신화가 역사가 되는 순간이기도 하다.

그렇다면 조선 시대에 금척 신화를 '몽금척'이라는 음악으로 만들었듯, 만파식적 역시 음악이 있었을까? 한편으로 궁금해지네.

삼국 속악

고려사.

조선 시대 세종의 명으로 김종서, 정인지에 의해 정리된 《고려사》에는 삼국 속악(三國俗樂)이라는 목록이 있다. 이는 다름 아닌 고구려, 백제, 신라의 음악을 모아 정리해둔 것으로 한때 고려 정부에서는 큰 행사 때마다 삼국 음악을 적극 사용했거든. 마치 조선 시대 '몽금척' 처럼. 다만 고려 말 벌어진 여러 병란으로 인해 조선 초만 되어도 이미 상당수의 음악이 그 내용을 온전히 전하지 못했던 모양이다. 이처럼 한반도의 역사는 과거부터 참으로 굴곡이 많았다.

그 결과 《고려사》 삼국 속악을 살펴보면 구체적인 노래 가사 및 악보는 빠진 채 제목과 내용만 일부

간략히 정리해두었는데, 예를 들면 이런 식이다.

> 장한성(長漢城)
>
> 장한성은 신라의 국경인 한산(漢山)의 북쪽, 한
> 강 가에 있었다. 신라가 군사 주둔지를 설치하였다
> 가, 뒤에 고구려에게 점거되자 신라 사람들이 군사
> 를 일으켜 그 성을 다시 찾고, 이 노래를 지어 그 공
> 로를 기념하였다.
>
> 《고려사》 악(樂) 삼국 속악 신라 장한성

장한성은 고구려에게 뺏긴 한강 유역의 군사 주
둔지를 공격해 되찾자, 신라인들이 이를 기념하여
부른 노래다. 고려 시대까지는 이를 궁중 음악으로
사용했으나, 조선 시대에 이르러 구체적 가사 및 악
보가 전해지지 않은 채 위처럼 음악의 제목과 내용
만 기록해둔 것.

이를 2012년 발표된 싸이의 '강남 스타일'로 이
해해볼까? 약 300년 뒤 등장한 한반도의 새로운 국
가가 과거 대한민국 음악을 정리할 때 가사와 악보
를 알 수 없어

"싸이는 이 노래로 세계적인 명성을 얻었다. 당
시 서울 지역 중 하나인 강남을 배경으로 말춤을 춘
것으로 전해진다. 한편 이 음악의 인기 비결로 일렉

트로닉 사운드의 반복적인 리듬과 중독성 강한 가사, 열정적이면서 신나는 춤과 다소 엽기적이기까지 한 코믹함 등을 꼽는다."

라고 정리해둔 것으로 상상해보면 이해되지 않을까 싶다.

그런데 이처럼 정리된 《고려사》 삼국 속악 중 마침 '이견대'라는 제목의 음악이 있었으니 이를 한 번 살펴보자.

> 이견대(利見臺)
>
> 세상에 전해지는 말에 따르면, 신라의 임금 부자(父子)가 오래도록 서로 헤어졌다가 만나게 되자 대(臺)를 쌓고 그곳에서 함께 부자의 기쁨을 다하면서 이를 노래로 지어서 부르고, 그 대를 이견(利見)이라고 불렀다고 한다. 이는 대개 《주역(周易)》의 "대인을 만남이 이롭다(利見大人)"의 뜻을 취한 것이다. 왕의 부자가 서로 떨어져 지낼 이유가 없으니 혹은 이웃 나라에 나가서 만났다는 것인지, 혹은 인질이 되었다는 것인지 알 수 없다.
>
> 《고려사》 악(樂) 삼국 속악 신라 이견대

이처럼 한때 신문왕이 용을 만난 장소인 이견대를 제목으로 둔 신라 음악이 존재했었군. 당연히 이 역시 고려 시대까지만 하더라도 궁중 음악으로 사용한 삼국 속악 중 하나였다. 안타깝게도 가사와 악보는 사라졌지만 그나마 남아 있는 내용이 흥미로운데, 신라의 임금 부자(父子)가 오래도록 헤어졌다가 만났기에 이를 기념하여 이견대를 만들고 노래를 불렀다는 부분이 그것.

문제는 왕조 국가에서 임금 부자가 오랫동안 헤어졌다가 만날 일이란 좀처럼 찾아보기 어렵다는 점이다. 이처럼 조선 시대에 《고려사》를 집필하는 과정에서 맥락이 잘 이해되지 않았던 만큼 설명 끝에 표기를 하나 해두었다. "이웃나라에 나가서 만났다는 것인지, 혹은 인질이 되었다는 것인지 알 수 없다."라는 추정이 그것.

하지만 우리는 새벽부터 만파식적 이야기를 추적하며 여행하고 있기에, 이견대 음악의 본래 스토리를 어느 정도 그려볼 수 있다. 정답~ 저 이야기는 사실 용이 된 문무왕과 그의 아들 신문왕이 만난 만파식적 전설을 기반으로 한 음악이었던 것. 그러나 고려 말 전란 속에서 가사와 악보가 사라지자 조선 시대 들어와 《고려사》를 집필할 때는 제목과 큰 스토리만 남은 채 구체적인 내용은 전혀 감을 잡을 수 없게 된 것이다.

이렇듯 한반도는 지정학적으로 강대국들 사이에

있기에 한 번 난리가 나면 그동안 쌓아둔 문화가 싹 쓸려가는 장소임을 알 수 있다. 그렇기 때문에 앞서 언급한 역사서뿐만 아니라 음악도 가능한 한 오랜 기간 보존하는 방법을 반드시 연구해야 할 듯. 갑자기 K-pop이 걱정되는걸. 과연 아이유, 트와이스, 뉴진스, 에스파, ITZY, 볼빨간사춘기 등의 명곡을 300년 뒤에도 원본 그대로 들을 수 있으려나?

춤, 노래, 악기

　지금까지 궁중에서 사용하는 신라 음악으로서
'이견대'가 고려 시대까지 존속했음을 알아보았다.
당연히 제목에서 드러나듯, 만파식적 스토리텔링을
기반으로 용이 된 문무왕과 신문왕이 이견대에서
회포를 푸는 모습을 표현한 노래였을 것이다. 뿐만
아니라 만파식적이 지닌 의미가 남달랐던 만큼 고
려 시대가 아닌 통일신라 시대부터 이미 궁중 음악
으로 만들어졌을 가능성이 매우 높아 보인다. 궁궐
과 감은사에서 문무왕을 위한 제사를 진행할 때 사
용하던 음악으로 말이지.
　그렇다면 조선 시대 이성계의 꿈을 바탕으로 금
척 신화를 구성하고 이를 '몽금척'이라는 궁중 음

악으로 선보이며 왕가의 정통성을 널리 알린 것처럼 신라 역시 마찬가지가 아니었을까? 문무왕과 신문왕의 일화를 만파식적이라는 신화로 구성하고 이를 이견대라는 궁중 음악을 통해 왕가의 정통성을 널리 알렸던 것. 이런 행사가 꾸준히 펼쳐지며 이를 통해 용이 된 문무왕의 전설은 점차 널리 확산되며 국민들에게 실제 존재했던 역사처럼 인식되었겠지. 마치 금척 신화처럼.

궁중 음악은 그 이름만큼이나 대단히 격식을 갖춘 행사다. 따라서 궁중 음악이라는 단어를 보는 순간 궁궐이나 국립국악원에서 엄격한 옷을 갖춰 입은 채 펼쳐지는 행사가 떠오를 텐데, 대중들에게는 처용무가 가장 유명할 듯싶군. 처용의 이국적인 가면마저 잘 알려져 있으니까.

처용무는 관람객 앞에서 "신라성대소성대(新羅盛代昭盛代)"라는 가사를 부르며 시작하는 무용으로, 이때 신라성대소성대란 "밝고 번성한 신라 시대"라는 의미를 가지고 있다. 이는 다름 아닌 신라 이야기를 기반으로 만들어진 궁중 음악이었기 때문.

처용의 모습. 《악학궤범》.

대왕이 지금의 울주(蔚州; 울산)에서 놀다가 돌아가려 했다. 낮에 물가에서 쉬는데 갑자기 구름과

안개가 자욱해져 길을 잃게 되었다. 왕은 괴이하게 여겨 좌우에게 물으니 일관(日官)이 아뢰기를, "이 것은 동해 용의 조화이오니 마땅히 좋은 일을 행하 시어 이를 풀어야 될 것입니다."라고 하였다. 이에 신하에게 명을 내려 용을 위해 그 근처에 절을 세우 도록 했다.

왕명이 내려지자 구름이 개이고 안개가 흩어졌 다. 이로 말미암아 '개운포'라고 이름하였다. 동해 의 용은 기뻐하여 이에 일곱 아들을 거느리고 왕 앞 에 나타나, 왕의 덕을 찬양하여 춤을 추며 풍악을 연주하였다. 그중 한 아들이 왕의 수레를 따라 서 울로 들어와 정사를 도왔는데 이름을 처용(處容)이 라 했다.

왕이 아름다운 여인을 처용에게 아내로 주어 그 를 잡아두려 했으며, 또한 급간(級干; 6두품이 얻을 수 있는 신라 9번째 관등)의 벼슬을 내렸다. 그 처 가 매우 아름다워 역신이 그녀를 흠모해 사람으로 변하여 밤에 그 집에 가서 몰래 함께 잤다. 처용이 밖에서 집에 돌아와 잠자리에 두 사람이 있는 것을 보고, 이에 노래를 부르고 춤을 추며 물러났다. 노 래는 이렇다.

동경 밝은 달에

밤들어 노니다가
집에 들어와 자리를 보니
다리가 넷이어라
둘은 내 것인데
둘은 뉘 것인고
본디는 내 것이다마는
앗은 것을 어찌할꼬

이때에 역신이 형체를 드러내어 처용 앞에 무릎을 꿇고 말하기를, "제가 공의 아내를 탐내어 지금 그녀를 범했습니다. 공이 이를 보고도 노여움을 나타내지 않으니 감동하여 아름답게 여기는 바입니다. 맹세코 지금 이후로는 공의 모습을 그린 것만 보아도 그 문에 들어가지 않겠습니다."라고 하였다. 이로 인해 나라 사람들이 처용의 형상을 문에 붙여서 귀신을 물리치고 경사를 맞아들이게 되었다.

《삼국유사》 기이 처용랑 망해사

이는 처용이 부른 향가 덕분에 대단히 유명한 이야기다. 교과서에도 나오고 있으며, 여러 시험에서도 중요 문제로 등장하고 있으니까.
전체적인 스토리텔링은 다음과 같다. 신라 왕이

처용이라는 인물을 동해에서 만나 데려온 후 아름다운 여인과 6두품 관등을 주고 옆에 두었다. 그러던 어느 날 역신이 처용의 부인과 바람을 피자, 처용은 이를 보고도 화를 내지 않고 노래를 불렀다. 이런 모습에 역신은 감동하여 처용의 얼굴을 문에 그려놓으면 결코 들어가지 않겠다고 약속하니, 이는 나쁜 운을 막는 풍습이 된다.

이렇게 인기를 얻은 처용 이야기는 신라, 고려 시대에는 음악에 맞추어 한 명이 춤을 추고 한 명은 노래를 부르는 방식으로 이어지다, 세종 시대에 재정비되면서 현재의 다섯 명이 추는 처용무로 완성되기에 이른다. 이렇듯 춤 + 노래 + 악기가 함께하는 종합 예술이었던 것. 오호라, 가만 보니, 나름 K-pop의 원조가 아닐까? 마침 k-pop도 춤 + 노래 + 음악이 함께하는 종합 예술로 세계적인 인기를 누리고 있네.

한편 이와 같은 춤 + 노래 + 악기는 신라 궁중 음악의 기본 틀이기도 했다. 이는 다음과 같은 기록을 통해서도 알 수 있으니

왕이 계고(階古), 법지(法知), 만덕(萬德) 세 사람에게 명하여 우륵(于勒)에게 음악을 배우게 하였다. 우륵은 그들의 재능을 헤아려 계고에게는 가야

우륵. 가야금으로 유명한 대가야 출신 음악가.

금을, 법지에게는 노래를, 만덕에게는 춤을 가르쳤
다.

세 사람이 모두 배운 후에 왕이 명하여 연주하
게 하고서 말하기를, "예전에 낭성(娘城; 청주)에서
들었던 음악과 차이가 없다."라고 하고 상을 후하
게 주었다.

《삼국사기》 신라 본기 진흥왕 13년(552)

우륵은 가야금으로 유명한 대가야 출신 음악가
로 신라에 투항한 후 충주에서 살았다. 마침 가까운

청주를 방문한 김에 우륵을 불러 음악을 들어본 진흥왕은 이후 세 사람을 보내 우륵으로부터 음악을 배우도록 명한다. 이에 세 명은 각각 춤, 노래, 악기를 배우게 된다. 시간이 지나 이들이 각자의 기예를 진흥왕 앞에서 선보이니, 왕은 크게 기뻐하였다. 이처럼 춤 + 노래 + 악기는 당시 음악의 중요한 틀이었던 것.

그렇다면 '이견대' 역시 신라의 궁중 음악이었던 만큼 그 격식에 맞추어 춤, 노래, 악기가 함께했을 가능성이 높은데, 그 구체적 모습이 전혀 남아 있지 않는 관계로 상상을 해볼 수밖에…. 그럼 잠시 눈을 감고 저 아래 카페 바깥의 평평한 마당에다 신라 시대 궁중 음악인 '이견대'를 그려보자.

만파식적에 걸맞게 피리를 메인으로 삼은 음악이 펼쳐지자 용의 탈을 쓴 이가 춤을 추며 무대에 등장한다. 그러자 무대의 또 다른 한 명이 문무왕과 신문왕의 만남을 노래로 부르기 시작하는군. 그래 바로 이 모습이야. 무엇보다 무대를 바라본 관람객, 특히 왕의 경우 마치 용이 앞에 등장한 느낌을 받으며 무대에 집중할 수 있었겠지.

그럼 배경을 조금만 바꾸어볼까? 카페 마당이 아니라 아침에 방문했던 감은사로 말이지. 주변에 감은사 삼층석탑을 그려보니, 오호, 이제야 한때 감은사에서 펼쳐지던 문무왕을 위한 제사의 모습이 90% 수준으로 완성된 듯하다. 이처럼 제사 과정 중 중요 시점이 되면 '이견대'라는 무대를 왕을 위시한 여러 신료들 앞에서 선보였을 것이다. 그리고 이렇게 만들어진 '이견대'라는 궁중 음악은 고려 시대까지 유지되며 만파식적 신화를 점차 실제 존재했던 역사적 사건처럼 인식시킨 것이다.

이로써 카페에서 이룰 것은 다 이루었으니 휴식을 조금 더 취하다 근처 설총 묘를 가보기로 하자. 현재 1시 30분이니 오후 2시 30분쯤 이동할까 함. 나머지 시간은 남은 차를 음미하며 유튜브로 k-pop 이나 들어야겠다.

9

신화를 만든 이는 누구?

설총 묘

오후 3시가 되기 직전 카페에서 나왔다. 여러 k-pop 음악을 들으며 독서하다보니 시간 가는 줄 몰랐네. 요즘 사마천이 쓴 《사기열전(史記列傳)》을 다시 읽고 있거든.

그럼 계획한 대로 설총 묘를 향해 걸어가볼까? 여기서 그리 멀지 않다. 걸어서 불과 5분 거리에 있지. 밖으로 나오니 더위는 여전하지만, 시골 길을 걸어가자 절로 흥이 난다. 나도 모르는 새 콧노래가 나오며 룰루랄라. 낮은 담장의 집을 여럿 지나니 금세 길 저 앞쪽으로 고분이 보이는군. 그렇다. 저곳이 다름 아닌 설총의 묘라 하겠다.

현재 고분의 정식 명칭은 '전홍유후설총묘(傳弘

《사기열전(史記列傳)》을 쓴 사마천

설총의 묘 ©Park Jongmoo

'전홍유후설총묘(傳
弘儒侯薛聰墓)'라
적혀 있는 설총 묘비
명 ©Park Jongmoo

儒侯薛聰墓)'라 길게 되어 있다. 이 중 전(傳)은 전해지고 있다는 의미. 다음으로 홍유후(弘儒侯)는 고려 현종 시절인 1022년 설총을 후(侯)로 추증하며 내린 봉작이다. 이는 공후백자남(公侯伯子男)의 순서에 따른 것으로, 홍유에 '유교를 넓히다'라는 의미를 지닌 만큼 설총의 학문에 대한 업적을 크게 인정하여 내려진 작위라 하겠다.

이로써 설총 앞에 표기된 전홍유후의 의미를 알 수 있겠군. "홍유후에 추증된 설총의 묘로 전해지고 있다."가 "전홍유후설총묘(傳弘儒侯薛聰墓)"의 의미였던 것.

그런데 왜 전해졌다는 표현이 있는 것일까?

사실 이 고분이 설총 묘로 확정된 것은 그리 오래된 일이 아니다. 1977년 문화재관리국에 의해 설총 묘로 등재되면서 그리 정해졌으니까. 이야기는 다음과 같다. 일제강점기 시절 현재 설총 묘로 알려진 고분 근처에 살고 있던 한 할머니가 기묘한 꿈을 꾸었다. 꿈에 설총이 등장하더니, 자신의 무덤에 제사를 지내달라 하는 것이 아닌가? 이 이야기는 삽시간에 널리 퍼졌다. 그러자 그 소식을 들은 경주 설씨 후손들이 이곳을 방문하여 그동안 아무도 관리하지 않고 있던 고분을 정리한 후 때마다 제사를 지내게 된 것이다. 이렇게 설총 묘로 알려지자, 정부의 공인 자료마저 그리 등재되면서 현재의 설총 묘로 유명세를 얻게 된다.

특히 이 고분은 지름 15m에 높이 7m 정도의 나름 큰 규모인데다, 호석(護石), 즉 무덤 외부에 둘러 봉분을 보호하는 돌이 남아 있어 6세기 중반에서 7세기 초반에 만들어진 무덤임은 분명해 보인다. 즉 태종무열왕릉 및 실제로는 신문왕의 능으로 추정되는 진평왕릉과 유사한 디자인이지만 크기가 더 작은 고분인 것. 그렇게 보니, 무덤이 조성된 시기 역시 대략 설총이 활동하던 시점과 맞아 떨어지는군.

설총 묘에 있는 호석 ©Park Jongmoo

　　그러나 내 개인적 의견은 그 크기와 시기를 볼 때
당대 최고 수준의 진골 권력자가 무덤의 주인공이
아닐까 싶다. 하지만 지금은 진골과는 신분상 차이
가 컸던 설총의 묘로 알려지고 있으니, 참으로 흥미
롭네. 그만큼 설총의 명성이 그가 세상을 뜬 이후에
도 상당했다는 의미일 테니까.

설총 열전

중국 한나라 시절 역사가였던 사마천(司馬遷)은 기원전 90년경 《사기(史記)》라는 역사서를 완성시킨 것으로 유명하다. 사마천이라는 이름과 《사기》라는 책 제목은 설사 역사에 관심이 없는 사람일지라도 최소 한 번쯤은 들어본 적이 있을 정도. 아무래도 역사 이래 등장한 수많은 동아시아 역사가 중 대중에게 가장 유명한 인물이 아닐까 싶군. 그래서인지 지금 바로 이 순간에도 《사기》를 제목으로 둔 역사서 또는 교양 서적이 국내만 하더라도 매년 새로운 책으로 출판되고 있는 중이다. 나도 언젠가 써 볼까? 하하. 실력이 되지 않아 포기.

한편 《사기》에서 가장 인기 있는 내용은 아무래

弘儒侯薛先生詩聽敬像

설총.

도 열전(列傳)일 것이다. 열전은 나름 전기 문학이
라고 부르는데, 한 인물의 삶을 정리하여 보여줌으
로써 남다른 흡입력을 보여주고 있거든. 예를 들면

사기 열전에는 손자 오기 열전, 오자서 열전, 여불위 열전 등등 수많은 인물들의 이야기가 담겨 있다. 하나같이 흥미진진하여 마치 역사책이 아닌 소설처럼 읽혀질 정도인지라 사마천의 글 솜씨가 얼마나 대단한지 절로 엄지손가락이 올라가지.

한편 《삼국사기》에도 다름 아닌 열전이 존재한다는 사실. 이는 《삼국사기》가 사마천이 정립한 역사 집필 방식에 영향받았기 때문이다. 이 중 가장 재미있는 부분은 단연 김유신 열전이다. 사마천의 열전에 비견될 정도로 내용이 풍부하며 스토리텔링마저 흥미진진하거든. 그러나 김유신을 제외한 인물들은 대부분 내용이 부실한 편이라 아쉬움을 준다. 김부식이 집필할 당시에 이미 많은 기록이 사라졌던 모양.

그런 인물들 중 한 명이 설총이다. 열전이라 되어 있음에도 구체적인 삶의 흔적이 무척 부족하니까. 하지만 아쉬운 대로 남은 기록을 통해 설총이 어떤 인물인지 파악할 수 있기에 그나마 다행으로 봐야겠군.

《삼국사기》에 따르면 그의 출신은 다음과 같다.

설총(薛聰)의 자(字)는 총지(聰智)이다. 할아버지는 담날 나마(奈麻)였다. 아버지는 원효인데, 처

원효, 15세기, 일본 고잔지(高山寺).

음에 승려가 되어 널리 불경을 통달하였고, 이윽고
환속하여 스스로 소성거사(小性居士)라고 불렀다.

《삼국사기》 열전 설총

설총은 대단히 총명했던 모양이다. 이름에 총명할 총(聰)이 있는데, 이름 대신 부르는 자(字)마저 총명할 총(聰)과 슬기로울 지(智)를 합쳐 총지라 불렀다. 그런 그는 5두품 관등인 나마를 지닌 할아버지를 두고 있었고, 아버지는 그 유명한 원효였다.

원효는 한반도 역사상 가장 유명한 불교 사상가로 오죽하면 당시 신라뿐만 아니라 중국, 일본까지 불교 교리 해석에 큰 영향력을 미친 인물이었다. 지금 기준으로 보면 세계적 종교학자이자 석학 느낌이랄까. 그렇게 승려로 지내다 설총을 낳고 환속하였는데, 이때 그의 결혼에 대해서는 《삼국유사》에 자세한 이야기가 남아 있다.

원효가 일찍이 어느날 거리에서 노래를 부르기를, "누가 자루 빠진 도끼를 허락하려는가? 나는 하늘을 받칠 기둥을 다듬고자 한다."고 하였다. 사람들이 모두 그 뜻을 알지 못했는데, 이때 태종(太宗; 태종무열왕)이 그것을 듣고서 말하기를, "이 스님께서 아마도 귀부인을 얻어 훌륭한 아들을 낳고 싶어하는구나. 나라에 큰 현인이 있으면 그보다 더한 이로움이 없을 것이다."라고 하였다.

이때 요석궁(瑤石宮)에 홀로 사는 공주가 있었다. 궁중의 관리를 시켜 원효를 찾아서 궁중으로

2018년 복원된 월정교. 반월성 남쪽 언덕 아래를 흐르는 경주 남천에는 과거 월정교, 문천교, 춘양교 등의 다리가 있었다. 사진 경주시관광자원영상 이미지

맞아들이게 하였다. 궁중의 관리가 칙명을 받들어 그를 찾으려고 하는데, 벌써 그는 남산에서 내려와 문천교를 지나고 있어 만나게 되었다. 그는 일부러 물에 빠져 옷을 적셨다.

설총은 나면서부터 명민하여 경서와 역사서에 두루 통달하니 신라 10현(十賢) 중의 한 분이다. 우리말로써 중국과 외이의 각 지방 풍속과 물건 이름에 통달하고 6경(六經) 문학을 풀어 해석하였으니, 지금까지 우리나라에서 경학을 공부하는 이들이

전수하고 있다.

원효는 계율을 어기고 설총을 낳은 이후로는 속인의 옷으로 바꾸어 입고 스스로 소성거사(小姓居士)라고 하였다.

《삼국유사》 의해(義解) 원효불기

원효는 40살 정도의 나이가 되어 큰 결심을 했는지 승려 신분을 버린 채 태종무열왕의 사위가 된다. 그와 결혼한 공주는 요석궁에 있다 하여 요석공주라 알려지고 있지만, 당시 홀로 살고 있던 이유는 구체적으로 알려지지 않았다. 이에 태종무열왕의 사위였으나 백제와의 전투에서 전사한 김흠운의 부인이 다름 아닌 요석공주라는 주장도 있으나 글쎄. 남편을 잃은 직후 궁으로 돌아가 홀로 살고 있었다고 보면 얼핏 말이 되지만, 관련 기록이 없어 확실하지는 않다. 물론 만일 요석 공주가 김흠운의 부인이라면 원효와의 혼인은 재혼이라 할 수 있겠지.

이렇듯 원효는 태종무열왕의 딸과 결혼하여 아들을 낳았으니, 그가 바로 설총이다. 즉 설총의 경우 문무왕에게는 조카이자 신문왕에게는 고종사촌에 해당했다는 의미. 그래서인지 몰라도 신문왕과 설총은 매우 특별한 일화가 남아 있다.

화왕계

신문대왕(神文大王)이 한여름에 높고 빛이 잘 드는 방에서 설총을 돌아보며 말하였다.

"오늘은 여러 날 계속 내리던 비가 처음으로 그치고, 첫 여름의 훈훈한 바람도 조금 서늘해졌구나. 비록 매우 맛이 좋은 음식과 슬픈 음악이 있더라도 고상한 말과 재미있는 농담으로 울적함을 푸는 것만 못하다. 그대는 틀림없이 색다른 이야기를 알고 있을 것인데 어찌 나를 위해서 그것을 이야기해주지 않는가?"

설총이 말하였다. "예. 신이 듣건대 옛날 화왕(花王)이 처음 전래되자 그것을 향기로운 정원에 심고 푸른 장막을 둘러 보호하였습니다. 봄을 맞아

내내 아름다움을 드러내니 온갖 꽃들을 능가하여 홀로 뛰어났습니다. 이에 가까운 곳으로부터 먼 곳에 이르기까지 아름답고 고운 꽃들이 바쁘게 와서 찾아뵙지 않음이 없었으며, 오직 시간을 늦을까 걱정하였습니다.

홀연히 한 아름다운 사람이 나타났는데, 붉게 빛나는 얼굴과 아름다운 치아에 곱게 화장하고 아름답게 꾸민 옷을 입고, 하늘거리며 와서 아름다운 자태로 앞으로 나와 말하였습니다. '첩은 눈처럼 흰 모래톱을 밟고, 거울처럼 맑은 바다를 마주하면서 봄비에 목욕하여 때를 벗기고, 맑은 바람을 상쾌히 여기며 유유자적하니 그 이름은 장미라고 합니다. 왕의 아름다운 덕을 듣고, 향기로운 휘장 속에서 잠자리를 모시고자 하오니 왕께서는 저를 받아주시겠습니까?'

또 한 남자가 나타났는데, 베옷을 입고 가죽 띠를 둘렀으며, 흰머리에 지팡이를 짚고, 늙고 병든 것처럼 걸어 구부정한 모습으로 와서 말하였습니다. '저는 서울 성 밖의 큰길가에 살면서 아래로 넓고 멀어 아득한 들판의 경치를 내려다보고, 위로는 높고 험한 산의 경치에 기대어 사는데, 그 이름은 백두옹(白頭翁)이라고 합니다. 가만히 생각하옵건대, 주위에 거느리고 있는 자들이 제공하는 물품이 비록 풍족하여 맛있는 음식으로 배를 채우고 차와 술로 정신을 맑게 하여도, 비단으로 싼 상자에 쌓아 둔 것들 중에는 반드시 기운을 보충할 좋은 약과 독을 없앨 아픈 침이 있어야 합니다. 그러므로 비록 명주실과 삼(麻)실과 같이 좋은 것이 있다고 하더라도 골풀과 누런 띠처럼 거친 것을 버릴 수 없고, 무릇 모든 군자들은 궁할 때를 대비하지 않음이 없다고 하는데, 왕께서도 또한 뜻이 있으신지 모르겠습니다.'

어떤 사람이 '두 사람이 왔는데 누구를 받아들이고 누구를 버리겠습니까?'라고 물어보았습니다. 화왕은 '장부의 말이 또한 도리에 맞으나 아름다운 사람은 얻기 어려운 것이니 장차 어떻게 할까?'라고 말하였습니다.

장부가 앞으로 나아가 말하였습니다. '저는 왕께서 총명하셔서 도리와 정의를 아실 것으로 생각하였기 때문에 왔을 뿐인데, 이제 보니 아닙니다. 무릇 임금 된 자로서 간사하고 아첨하는 자를 친근히 하고, 정직한 사람을 멀리하지 않음이 드뭅니다. 이런 까닭에 맹자가 불우하게 일생을 마쳤고, 풍당(馮唐)은 중랑서장(中郞署長) 벼슬을 하면서 백발이 되었습니다. 옛날부터 이와 같았으니 제가 이를 어찌하겠습니까?

화왕이 '내가 잘못하였구나! 내가 잘못하였구나!' 라고 하였답니다."

이에 신문왕이 정색하고 낯빛을 바꾸며 "그대의 우화 속에는 실로 깊은 뜻이 있구나. 이를 기록하여 임금 된 자의 교훈으로 삼도록 하라."고 하고, 드디어 설총을 높은 벼슬에 발탁하였다.

《삼국사기》 열전 설총 화왕계

신문왕 시절 여러 날 비가 내리다 멈춘 여름을 배경으로 하나의 이야기가 펼쳐진다. 아무래도 장마가 잠시 멈춘 시점인가봄. 이때 등장한 이야기는 설총이 창작한 〈화왕계〉였다. 당시 설총은 20대 정도 나이로 추정되며 꽃을 의인화하여 간접적으로 왕이 가져야 할 자세를 설명하고 있네. 이를 미루어볼 때 설총은 이미 젊을 적부터 타고난 이야기꾼이었던 모양.

이야기 구조는 대략 다음과 같다.

꽃 중의 왕인 화왕(花王)이 등장하자 수많은 꽃들이 인사를 하였다. 이 중 아름다운 장미와 꾸부정한 할미꽃이 각자 자신의 이야기를 했는데, 장미는 당장은 달고 기분이 좋지만 아첨하는 신하를, 할미꽃은 당장은 쓴 기분이 들지 모르나 나라 운영을 위해 반드시 필요한 말을 하는 신하를 의미했다. 이에 처음에는 장미처럼 아첨하는 이가 마음에 든 화왕이었으나, 할미꽃의 날카로운 말을 듣고 이내 마음을 고쳐먹는다.

마침 할미꽃이 언급한 맹자와 풍당은 왕에게 직언을 하여 남달리 유명했던 인물이었거든. 즉 맹자나 풍당 같은 신하를 옆에 두라는 의미이자 나라를 운영하는 왕에게는 반드시 비판적인 기준으로 간언을 하는 이가 필요함을 알려주는 창작 설화라 하겠다. 그러자 신문왕은 이야기 속 깊은 의미를 바로 알아채고 설총에게 높은 벼슬을 내렸다.

그렇다면 이후 설총은 신라 왕을 보좌하며 어느 관등까지 올라갔을까?

안타깝게도 설총이 어떤 관등까지 올라갔는지에 대한 기록은 《삼국사기》, 《삼국유사》에 전혀 등장하지 않는다. 약간 허무하군. 대신 그의 문장이 적힌 비석이라도 남아 있다면 파악이 가능할지도 모르겠지만….

설총이 글을 잘 지었으나 세상에 전해오는 것이 없다. 다만 지금 고려 남쪽 지방에 간혹 설총이 지은 비명(碑銘)이 있으나, 글자가 없어지고 떨어져 나가 읽을 수 없으므로 끝내 그의 글이 어떠하였는지를 알지 못한다.

《삼국사기》 열전 설총

미륵보살상, 국립중앙박물관 ⓒPark Jongmoo

아미타불상. 국립중앙박물관. ©Park Jongmoo

라는 기록을 통해 고려 시대에도 이미 문장이나 책은커녕 설총의 글이 새겨진 비석마저 찾기가 쉽지 않았음을 알 수 있다. 하지만 운 좋게도 국립중앙박물관이 소장하고 있는 부처 조각에 그의 이름이 남아 있어 관등을 살펴볼 수 있지.

개원 7년(719) 기미년 2월 15일에 나마(奈麻) 총(聰)이 교(敎)를 받들어 지었고

경주 감산사 석조아미타여래입상 조상기

용산의 국립중앙박물관 불교 조각실을 방문하면 가장 안쪽에 두 분의 부처 조각이 주인공처럼 전시되어 있다. 각각 미륵보살상과 아미타불상으로 719년에 만들어졌으며, 세밀한 묘사와 더불어 크기마저 2.7m에 이를 정도로 당당하다. 그런데 이들 부처 조각은 본래 경주 감산사에 위치했던 것으로 일제 강점기 시절 서울로 옮겨져서 국립중앙박물관의 소장품이 된 것이다.

중요한 점은 이들 부처상의 광배 뒷부분에 매우 긴 문장이 새겨져 있다는 것. 이를 통해 불상을 조성한 사람과 불상을 만든 이유, 그리고 해당 문장을 쓴 사람 등을 상세히 알 수 있었다. 이 중 문장을 쓴 사람으로 위처럼 총(聰)이라는 이름이 등장하였으

니, 이를 학계에서는 설총으로 판단하고 있다.

　문제는 이 당시 설총의 관등이 겨우 나마(奈麻)에 불과했다는 점이다. 이는 신라 17관등 중 11위에 해당하며 5두품 관등이었다. 즉 신문왕 시절 화왕계를 이야기하며 크게 발탁된 설총이 그보다 30여 년이 지난 뒤의 50대 나이에도 관등이 겨우 5두품이었다는 것인데…. 음, 엄청난 유명세에 비해 관등은 그리 높지 않았군.

　한편 시일이 더 지나 설총의 아들이자 원효의 손자였던 설중업이 780년 일본에 사신으로 간 적이 있었다. 그런데 당시 설중업의 관등은 신라 17관등 중 10위에 해당하는 대나마였으며, 이 역시 5두품 관등에 불과했다. 무엇보다 아버지 설총의 나이를 미루어볼 때 설중업 역시 일본으로 파견될 당시 나이가 상당했을 텐데 말이지.

　이로써 이들 가계를 살펴보면,

　담날 – 원효 – 설총 – 설중업

으로 이어지며 이 중 승려가 된 원효를 제외하면 담날, 설총, 설중업 모두 나이가 상당했을 시점에 5두품 관등만 확인됨을 알 수 있다. 물론 설씨 성을 지닌 인물 중 6두품 관등을 지닌 이가 《삼국사기》에

몇몇 등장하는 만큼 이들이 노력 여하에 따라 6두품 관등까지 충분히 오를 수 있던 가문임은 분명하다. 기록이 아직 발견되지 않았을 뿐 설총 역시 60대 나이에 이르러 6두품 관등까지 승진했을 가능성도 있고 말이지.

그럼에도 불구하고 현재 우리가 지니고 있는 일반적인 관념과 달리 신라 시대에는 6두품 관등만 하더라도 대단히 오르기 어려운 위치임을 알 수 있다. 오죽하면 그 유명했던 원효 가문이 이 정도였으니까. 하긴 지금 기준으로 보면 6두품은 무려 1급 공무원인 차관(次官)과 유사한 위치에 해당하거든. 뿐만 아니라 5두품 관등을 지닌 사람 역시 지금 기준으로 보면 2~5급 공무원 정도의 상당한 위치였다. 이렇듯 우리가 그나마 총리, 장관 위치에 올라설 수 있던 진골에 익숙해서 그렇지 6~5두품 관등도 사실 보기보다 만만치 않은 위치였음을 알아두자.

그럼 설총 묘는 이정도로 관람을 끝내고 다음 여행 코스로 이동해야겠군.

만파식적 스토리를 구성한 이는 과연?

　오후 3시 20분이 되어 설총 묘 감상을 끝내고 서쪽 방향으로 걸어가기 시작했다. 오늘 더위는 아무 카페에 있던 동안 한풀 꺾긴 모양. 여름이 끝나고 곧 가을이 다가올 때라 그런지 땀이 나며 덥기는 하지만 충분히 견딜 만하네. 그럼에도 햇빛이 좀 강하니 만약을 위해 가져온 작은 우산을 꺼내 양산처럼 펼친 채 걸어간다. 그래, 솔직히 경주는 걸어다니는 맛으로 여행하는 거지. 옛 선조의 발걸음을 천 년이 훌쩍 지나 추적해보면서. 하하.

　그늘이 거의 없는 길을 따라 이곳에서 약 15분을 걸어가면 낭산 동쪽에 위치한 황복사지에 도착한다. 현재 걸음의 목표다. 마침 황복사지에는 아주

잘생긴 삼층 석탑이 있어 오래 전부터 꼭 소개하고 싶었거든. 삼층 석탑을 감상한 이후에는 국립경주박물관으로 갈 예정.

그럼 걸어가면서 오늘 왜 설총 묘까지 구경한 것인지 이야기해볼까? 물론 이번 여행의 주인공인 신문왕과 남다른 인연이 있어 그런 것도 있지만….

음, 앞서 쭉 살펴보았듯 만파식적은 단순한 신화가 아니었다. 신문왕, 그리고 그의 아들인 효소왕, 더 나아가 시일이 훌쩍 더 지나 원성왕까지 만파식적 신화에 기대 자신의 왕위 정통성을 부여했기 때문. 이런 모습은 비단 신라뿐만 아니라 조선 시대도 마찬가지였다. 오죽하면 조선 왕조 역시 하늘에서 내려온 신인(神人)이 금척을 이성계에게 주었다는 꿈을 새로운 왕조를 세우는 정통성으로 내세웠을 정도였다. 그 결과 금척 신화는 앞서 살펴보았듯 조선의 마지막 순간까지 중요한 신화로서 인식되었지.

이렇듯 영웅에게 남다른 신비한 일이 생기고, 이를 국가적 지원 아래 널리 알리는 모습은 아래의 표현과 연결된다.

무릇 옛날 성인들은 예(禮)와 악(樂)으로 나라를 일으키고 인(仁)과 의(義)로 교화를 펼치는 데 있어,

북쪽 상공에서 바라본 낭산 산 앞쪽으로 황복사지와 가릉이 보인다.

괴력난신(怪力亂神)에 대해서는 말하지 않았다.

그렇지만 제왕이 일어날 때는, 제왕이 되라는 하늘의 명을 받고 예언을 받는다는 점에서 반드시 일반 사람과는 다른 일이 있는 법이다. 이렇게 된 연후에야 큰 변화를 타고 군왕의 지위를 잡고 대업을 이룰 수 있는 것이다.

《삼국유사》 권1 기이(紀異) 서문

이는 일연이 《삼국유사》를 쓰며 매우 중요하게 여긴 생각으로 일반적인 유교 관점과 달리 괴력난신 역시 남다른 의미가 있음을 서문에다 당당히 밝힌 것이다. 덕분에 《삼국유사》의 자료를 바탕으로 우리는 괴력난신이 어떤 과정을 통해 등장하고 어떤 방법으로 널리 알려졌는지 파악해보는 것을 이번 여행의 목표로 하고 있는 중이지.

이에 따라 지금까지의 만파식적 내용을 정리해보자면 다음과 같다.

1. 하늘에서 내려왔다는 진평왕의 옥대 신화를 바탕으로

2. 100년이 지나 신문왕 시절 신라 왕이 감은사를 방문한 사실에다 개성적인 살을 더 붙여 만파식적 신화가 완결되었다.

3. 이때 만파식적은 당시 정치적 분위기에 따라 문무왕과 김유신이 신문왕에게 기묘한 물건을 내려주는 내용으로 구성된다.

4. 그러다 효소왕을 위해 그의 왕위 정통성을 연결해줄 만한 추가적인 이야기가 더해졌다. 만파식적 후반부에 나오는 효소왕의 태자 시절 일화가 바로 그것.

5. 이렇게 구성된 만파식적 신화는 이후 '이견

대' 라는 음악으로 만들어져 궁중 행사마다 사용되었고, 이는 당시 사람들이 신화를 마치 역사적 사실처럼 느끼게 하는 데 큰 영향을 미친다.

6. 덕분에 이후의 신라 왕까지 만파식적을 자신의 정통성에 사용하였으며, 고려 시대에도 '이견대' 는 궁중 음악으로 이어졌다.

라고 풀어볼 수 있겠군.

한편 조선 시대 이성계의 금척 신화를 바탕으로 정도전이 '몽금척' 이라는 음악을 선보이고, 권근이 태조건원릉신도비(太祖健元陵神道碑)에 금척 신화를 기록한 것을 다시금 주목해보자. 이처럼 왕과 연결되는 신화란 그 시대 최고 문인들이 동원되어 일정한 사건에다 풍성한 이야기를 더해 완성한 작품이었던 것. 마찬가지로 완성도 높은 이야기 구조를 지닌 만파식적 역시 당대 최고의 문인이 동원되어 당시 사건을 기반으로 풍성한 이야기를 더해 완결되어졌을 텐데.

때마침 화왕계처럼 남다른 창작 설화를 만들 줄 알던 이야기꾼 설총이 신문왕 시절에 활동했으니, 국가적 사업이었던 만파식적 신화를 작업하는 일에도 일정 부분 활약하지 않았을까? 물론 이 시점 설총의 나이나 관등을 미루어볼 때 총책임자 역할을 맡진 않았겠지만 최소한 만파식적 스토리텔링을 좀 더 세련되게 다듬는 과정에서 일정한 활동을 했을 가능성은? 이런 상상을 이전부터 해왔거든.

그래서일까? 설총 묘에 올 때면 언젠가 설총과 연결될 만한 비석 등의 기록이 경주 어딘가에서 출토되기를 바라곤 한다. 그 비석에 만일 만파식적과 연결되는 내용이 있다면 더욱 아름답겠다. 이를 근거로 만파식적이 만들어진 과정에 대한 더욱 구체적인 그림을 그릴 수 있을 테니까. 이에 오늘도 설총 묘에 남다른 기원을 담아 방문해본다.

10
만파식적 이후의
이야기

황복사지 삼층석탑

들판을 따라 한참 걸어가다보니 낭산이 갈수록 가까워지네. 이제 나무가 가득한 언덕 바로 앞에서 왼쪽 길로 꺾어 쑥 들어가면 된다. 자동차 한 대 정도 다닐 만큼 폭이 좁은 길을 따라 안으로 조금 더 들어가자 저 멀리 탑 하나가 보이기 시작한다. 나름 국보로 지정된 탑이지.

가까이 다가갈수록 멀리서 볼 때와 달리 남다른 크기가 놀랍군. 7.3m의 높이인지라 눈을 우러러봐야 할 정도. 물론 오늘 아침에 만난 감은사지 삼층석탑에 비하면 작은 편이기는 하나 대신 세련된 미감이 매력적이다.

감은사지 삼층석탑이 우직하면서도 강인한 힘을

황복사지 삼층석탑, 국보. ⓒ Park Jongwoo

갖추고 있다면, 이곳 황복사지 삼층석탑은 날렵한 모습이다. 이는 아마도 황복사지 삼층석탑의 경우 1층 몸통 돌의 허리가 길쭉한 데다 지붕 모양을 한 돌의 좌우 길이가 짧고 산뜻한 형태를 가지고 있어 그런 듯싶군. 개인적으로는 감은사지 삼층석탑은 산전수전 다 겪은 군복 입은 장군 느낌이라면, 황복사지 삼층석탑은 비단 옷을 입은 사극 속 아이돌 같은 느낌이 든다. 그만큼 귀티나게 잘생긴 탑이다.

한편 황복사지 삼층석탑은 석탑 역사에 있어 큰 의미가 있다. 고분, 금관과 더불어 경주의 상징 중 하나인 삼층석탑은 682년에 완성된 감은사지 석탑을 시작으로 고선사지 삼층석탑을 거친 후 692년 시점에 황복사지 삼층석탑이 만들어졌기 때문. 이후 불국사 석가탑 등 여러 삼층석탑이 만들어지면서 한반도 전역으로 퍼져나가게 된다. 즉 황복사지 삼층석탑은 삼층석탑의 탄생에서 대중적인 삼층석탑으로 발전하는 중간 단계를 보여주는 탑이라 하겠다. 그런 만큼

감은사지 삼층석탑 → 고선사지 삼층석탑 → 황복사지 삼층석탑 → 불국사 석가탑

이라는 순서를 잘 외워두자. 앞으로 경주에서 석

탑을 즐길 때 중요한 정보가 될 수 있을 테니…. 혹시 역사 시험에 탑 제작 순서로도 나오려나? 하하. 참고로 이 중 고선사지 삼층석탑은 국립경주박물관으로 옮겨 전시하고 있기에 박물관을 방문하면 꼭 만나보면 좋겠다.

한편 위 흐름 중 석재 숫자의 변화를 주목해보자. 황복사지 삼층석탑의 경우 감은사지, 고선사지 삼층석탑에 비해 크기가 작아진 만큼 아무래도 들어가는 돌의 숫자가 획기적으로 줄어들었거든. 그 덕분에 당장 탑을 보아도 각각의 돌 이음새에 있어 이질감이 크게 느껴지지 않는다. 마치 하나의 거대한 바위를 쪼아 조각한 듯 통일된 분위기라 할까? 이는 더 많은 돌을 사용하다보니, 각기 조립된 돌 형태가 두드러지게 드러나는 감은사지, 고선사지 삼층석탑과 비교되는 점이라 하겠다. 그만큼 황복사지 삼층석탑의 표면이 더 매끈하다는 의미이기도 하지.

이렇듯 석재 숫자가 줄어들고 크기가 작아지면서 제작 난이도는 크게 낮아졌으며, 이것은 결국 석탑의 대중화를 이끄는 힘으로 이어졌다. 덕분에 삼층석탑이 한반도 전역에 만들어지면서 목탑을 능가하는 거대한 유행을 이끈다. 또한 돌이 지닌 단단한 성질 덕분에 수많은 목탑이 사라진 지금까지도 과

감은사지 삼층석탑. ©Park Jongmoo

고선사지 삼층석탑. 국립경주박물관. ©Park Jongmoo

거의 모습을 그대로 지닌 채 남아 있으니, 참으로 선조의 지혜가 만든 아름다운 모습이 아닐까 싶군. 이는 돌 조각이 지닌 매력이기도 하지. 특별한 관리가 없어도 오래 유지되는 부분이 바로 그것.

그런데 황복사지 탑이 만들어진 시기를 어떻게 692년이라 정확히 알 수 있었던 것일까?

황복사지 금동사리함

신문대왕은 오계(五戒; 불교의 다섯 가지 계율)로 세상에 응하고, 십선(十善; 열 가지 선한 행동)으로 백성을 통치하여 세상을 다스리는 데 성공하였으나, 천수(天授) 3년(692) 임진년(壬辰年) 7월 2일에 돌아가셨다. 신목태후와 효소대왕이 받들어 종묘성령선원가람(宗廟聖靈禪院伽藍)에 삼층석탑을 세웠다.

황복사지 삼층석탑 금동 사리함 명문

일제강점기 시절인 1942년, 황복사지 삼층석탑을 해체 수리하는 과정 중 금동 사리함이 발견되었다. 금동사리함을 열자 금으로 만든 부처 조각 2점,

사리, 구슬, 금과 은으로 만든 그릇 등이 함께 나왔는데, 마침 금동사리함의 뚜껑 안쪽에는 탑에 대한 정보가 긴 문장으로 새겨져 있는 것이 아닌가? 그렇다. 이는 곧 당대 정보가 가득 담겨 있는 타임캡슐이었다.

황복사지 삼층석탑 금동 사리함에서 나온 금과 은으로 만든 그릇과 구슬.
©Park Jongmoo

해당 문장 중 일부가 바로 위의 글이니, 692년 7월 2일 신문왕이 세상을 뜨자 신목태후와 효소왕이 함께 삼층석탑을 세웠다는 내용이 그것. 이중 신목태후는 김흠운의 딸이자 683년 신문왕과 결혼하여 새 왕비가 된 신목왕후(神穆王后)라 하겠다. 마침 이 시점에는 아들이 왕이 된 만큼 태후로 승격되었음을 보여준다. 결국 오전에 만난 감은사지 삼층석탑이 문무왕을 위해 세워졌듯, 황복사지 삼층석탑은 신문왕을 위해 세워졌던 것이다. 뿐만 아니라 탑 제작 시기 역시 금동 사리함 문장을 통해 692년 시점임이 드러났다. 이처럼 타임캡슐 덕분에 정확한 시기를 알 수 있었다.

한편 삼층석탑이 세워진 장소가 매우 의미심장하군. 다름 아닌 종묘성령선원가람(宗廟聖靈禪院伽藍)에 삼층석탑을 세웠다고 기록되어 있으니까. 이 중 종묘란 돌아가신 왕과 왕비의 위폐나 영전을 모시는 장소를 의미한다. 아무래도 대중들에게 익숙한 장소로는 종로에 위치한 조선 왕실을 위한 종

위 | 황복사지 삼층석탑 금동 사리함. 아래 | 황복사지 삼층
석탑 금동 사리함 명문. ⓒPark Jongmoo

묘(宗廟)가 있겠군. 지금도 '종묘 대제'라 하여 매년 행사를 이어가고 있지.

이러한 종묘 제도는 조선 이전부터 왕조 국가라면 당연히 존재했으니, 신라 역시 마찬가지였다. 특히 신라의 경우 당나라로부터 여러 문물을 받아들이면서 종묘 제도 역시 중국식으로 새롭게 구축하고자 하였으며, 그 과정에서 한때 사찰과 종묘가 함께하는 과도기적 모습을 보여주고 있었던 모양. 이것이 다름 아닌 '종묘성령선원가람' 이었나보다.

한편 학계에서는 발굴 조사 결과 신문왕과 효소왕 시절인 680~700년 사이에 경주 황남동 123-2번지 건물터에다 유교식 종묘 시설을 구축한 것으로 추정하는 중. 직접 방문해보면 황남동 대형 건물지라 표기되어 있으며 첨성대 바로 남쪽에 해당한다. 현재 건물터를 주춧돌을 통해 보여주고 있는데, 종묘 형식의 격식 있는 건물 배치를 보여주고 있지.

이에 황복사지 터에 위치한 종묘성령선원가람과 황남동 123-2번지 건물터에 위치한 종묘 간에는 어떤 관계가 있었는지 의문이 들기도 한다. 이 부분은 조금 이따가 상세히 살펴보기로 하고. 그렇다면 신문왕 시절 종묘의 모습을 확인할 수 있는 기록을 우선 살펴보자.

위 │ 황복사지 터에 위치한 종묘성령성원가람에 사용되었
던 돌들. 아래 │ 황남동 123-2번지 건물터에 위치한 종묘.

대신(大臣)을 조묘(祖廟; 종묘)에 보내 제사를 올리고 다음과 같이 고하였다. "왕 아무개는 머리를 조아려 두 번 절하고, 삼가 태조대왕(太祖大王)·진지대왕(眞智大王)·문흥대왕(文興大王)·태종대왕(太宗大王)·문무대왕(文武大王)의 영전에 아룁니다. 아무개는 보잘것없는 연약한 몸으로 숭고한 왕업을 이어받아 지키느라 자나 깨나 걱정하고 애쓰면서 편안하게 지낼 겨를이 없었습니다.

종묘(宗廟)의 돌보심과 하늘과 땅이 내리시는 복에 힘입어 사방이 안정되고 백성들이 화목하며, 외국에서 오는 손님들은 배에 보물을 실어다 바치고, 형벌이 공정해지면서 소송이 잦아들어 오늘날에 이르렀습니다. 근래에 임금이 정사에 임함에 도리를 잃고 하늘이 비추어 보심에 의리가 어그러졌음인지 별의 형상에 괴변이 나타나고 해가 빛을 잃고 어둠침침해져 몹시 두려워서 차마 몸 둘 바를 몰라 마치 깊은 못과 골짜기에 떨어질 것만 같사옵니다. 삼가 아무 관직에 있는 아무개를 보내 변변치 못한 제물을 차려놓고 마치 살아 계신 듯한 영혼 앞에서 모든 정성을 다하여 제사를 올리옵나이다.

《삼국사기》 신라본기 신문왕 7년(687) 4월

이는 신문왕 시절 종묘에 제사를 지내면서 올린

글이다. 당시 신문왕은 자신을 대신하여 대신(大臣), 즉 높은 신하를 보내 제사를 진행하도록 했는데, 이곳에는 태조대왕(太祖大王)·진지대왕(眞智大王)·문흥대왕(文興大王)·태종대왕(太宗大王)·문무대왕(文武大王) 등 5명의 신라 왕이 모셔져 있었다. 즉 당시 종묘에는 5명의 위폐와 영전이 있었던 것.

이 중 1. 태조대왕은 김씨의 시조인 김알지를 왕으로 추존한 것으로 보이며 2. 진지대왕은 진흥왕의 둘째 아들이자 태종무열왕의 할아버지인 진지왕을 의미했다. 앞서 진평왕릉에서 설명했듯 왕위에 올라 불과 4년 만에 폐위된 인물이지만, 자신의 손자가 신라 왕이 되면서 모셔진 것. 3. 문흥대왕은 진지왕의 아들이자 태종무열왕의 아버지이다. 살아서는 신라 왕이 된 적이 없지만 아들 덕분에 왕으로 추존된다. 4. 태종대왕은 태종무열왕, 즉 김춘추이며 5. 문무대왕은 문무왕이었다.

이렇게 5명을 모셨으니 이는 예기(禮記)에 따르면 천자는 7묘, 제후는 5묘를 모신다고 했던 만큼 제후의 법에 따른 것이다. 그러나 위 기록 속 장소가 과거의 '종묘성령선원가람'이었던 황복사지 터인지 아님 황남동 123-2번지 건물터였는지 구체적으로 알 수가 없네.

그럼에도 불구하고 황복사지 터가 남다른 의미를 지닌 장소였던 만큼 신문왕이 죽자 그의 왕비인 신목왕후와 아들인 효소왕은 신문왕을 위해 삼층석탑을 세운 것은 분명해 보인다. 덕분에 그 옛날 신라의 종묘는 사라졌지만 오직 탑만 남아 과거의 모습을 알려주고 있군.

이렇게 이야기를 따라가다보니 종묘성령선원가람은 어쩌다 지금의 황복사지로 알려지게 된 것인지 갑자기 궁금해지는걸.

신목왕후와 효소왕의 죽음

일제강점기 시절인 1937년, 부산에 거주하던 일본인이 경주 낭산 동쪽 기슭에서 깨어진 기와를 수집하였다고 전한다. 그런데 해당 기와에는 황복사(皇福寺)라는 글이 새겨져 있었다고 하더군. 그 결과 낭산 가까이 삼층석탑과 절터가 있던 장소를 황복사지로 판단하여 지금까지 그리 알려지게 된 것이다.

그러나 독립 이후 최근까지 황복사지를 여러 차례 조사했지만 황복사와 연결될 만한 내용은 전혀 발견할 수 없었다. 오히려 선원사(禪院寺)가 새겨진 고려 시대 기와가 출토되면서 통일신라 시대 종묘성령선원가람(宗廟聖靈禪院伽藍)으로부터 이름이 이어지며 고려 시대까지 사찰로서 운영되었음을 파악했을 뿐이다. 결국 황복사가 새겨진 기와에 대해 발견 위치가 정확하지 않다고 판단하여 요즘은 이곳이 실제로는 황복사지가 아닐지도 모른다는 의견마저 등장하는 중.

이렇듯 황복사지라 알려지고 있음에도 불구하고 실제로는 황복사지가 아닐 가능성이 있다. 이는 오늘 여행에서 만난 효소왕릉으로 추정되는 신문왕릉, 신문왕릉으로 추정되는 진평왕릉 등과 유사한 모습이 아닐까 싶군. 상황이 이러한 만큼 여러 조사 결과가 더 쌓이면 경주의 여러 유적지 명칭을 하나씩 새로이 교체하는 것도 슬슬 고민해볼 시점일지도 모르겠다. 그때가 되면 이곳은 아무래도 통일신라 시대 명칭인 '종묘성령선원가람'으로 고쳐지려나?

한편 발굴 조사 결과 삼층석탑 동쪽 들판에는 남쪽을 입구로 두고 북쪽까지 사찰 형식으로 여러 건물이 존재했음이 알려졌다. 이중 금당 역할을 하던 가장 큰 건물을 한때 종묘 역할을 하던 장소로 보고 있다. 또한 삼층석탑의 남동쪽 30m 거리에는 거북 모양의 돌 조각이 2점 존재하는데, 이 곳이 본래 사찰 입구였다. 지금은 머리가 사라지고 등 역시 많이 깨진 상태이지만, 과거의 온전한 시절에는 비석을

황복사지 삼층석탑의 남동쪽 30m 거리에 있는 거북 모양의 돌 조각 2점. ©Park Jongmoo

등 위에 올린 당당한 모습이었겠지.

이를 소위 귀부(龜趺)라 부르며 비석이 거북처럼 오래오래 유지되기를 바라며 만든 비석 받침돌 디자인이다. 마치 조선을 건국한 이성계를 위해 건원릉에 비석을 등에 올린 거북 조각을 만든 것처럼 말이지. 사실 이러한 귀부 조각은 한반도에는 신라 때부터 등장한 문화였거든. 안타깝게도 각각의 귀부에 위치하던 비석 또한 조각 조각으로 부서져서 현재는 여러 파편으로 일부 남아 있을 뿐이다. 또한 각각의 비석 파편에 남아 있는 글자마저 얼마 되지 않기에 전반적인 내용을 파악하기 힘들어 아쉬움을 준다.

결국 이곳의 모습을 상상하기 위해서는 다시금 황복사지 금동 사리함을 살펴볼 수밖에 없겠군.

성력(聖曆) 3년(700) 경자년(庚子年) 6월 1일에 신목태후가 마침내 세상을 떠나시어 정토에 가셨고, 대족(大足) 2년(702) 임인년(壬寅年) 7월 27일에는 효소대왕도 승하하셨다.

신룡(神龍) 2년(706) 경오년(庚午年) 5월 30일에 지금의 대왕(성덕왕)께서 부처님의 사리 4과와 6촌(寸) 크기의 금제 아미타불상 1구와 《무구정광대다라니경(無垢淨光大陀羅尼經)》 1권을 석탑의 두 번째 층에 안치한다. 이 복전을 밑천으로 올리니 신문대왕, 신목태후, 효소대왕이 대대로 성묘(聖廟)에서 열반의 산에 임하고 보리의 나무에 앉기를 바랍니다.

지금의 융기대왕(隆基大王; 성덕왕)은 수명이 산과 강과 같이 오래고, 지위는 알천(지금의 경주 하천인 북천)과 같이 크며, 많은 자손을 갖추고 칠보(七寶)의 상서로움이 드리워지기를 바랍니다.

황복사지 삼층석탑 금동 사리함 명문

황복사지 삼층석탑의 남동쪽 30m 거리에는 거북 모양의
돌 조각이 2점 존재하는데, 이 부분이 본래 사찰 입구였다.

그렇다. 글을 읽어보면 삼층석탑은 신문왕이 세상을 뜨고 만들어졌지만, 탑 안에서 발견된 사리함은 706년 안치되었음을 알 수 있다. 그리고 그 과정에서 700년 세상을 뜬 신목왕후와 702년 세상을 뜬 효소왕을 위해 금으로 만든 아미타불상 1점과 불경 1권을 넣는다. 이는 신목왕후의 둘째 아들이자 효소왕의 동생인 성덕왕의 주도 아래 이루어진 일이었다.

그 결과 황복사지 삼층석탑은 처음 세워졌을 때와 달리 신문왕, 신목왕후, 효소왕 등 세 명을 위한 탑이 된 것이다. 결국 만파식적과 인연이 있는 이들의 마지막 흔적을 이곳 탑에서 만날 수 있네. 내가 만파식적 이야기를 하며 이곳에 방문한 이유는 사실 이 때문이기도 하다. 만파식적 이후의 이야기를 보여줄 때 안성맞춤이니까.

그렇다면 전체 스토리를 한 번 그려보자.

1. 본래 낭산 동쪽에 사찰과 종묘 역할을 겸하던 과도기적 건축이 존재했으니, 현재의 황복사지 터가 그것이다.

2. 그러나 680~700년 사이에 첨성대 남쪽에 위치

한 황남동 123-2번지 건물터로 유교식 종묘를 만들어 이전하자,

3. 종묘가 사라진 황복사지 터를 신문왕을 위한 원찰로 적극 바꾸면서 삼층석탑을 건설하게 된다.

4. 이후 신목왕후, 효소왕이 죽자 성덕왕은 아버지, 어머니, 형을 모시는 원찰로 이곳을 조성하면서 본래 종묘 역할은 더욱 약화되고 사찰로서 후대에 이어지게 된다.

정도로 정리해볼까 한다. 당연히 만파식적과 인연이 남다른 장소였던 만큼 이곳에서도 때마다 제사를 지내면서 이견대라는 제목의 궁중 음악이 펼쳐지지 않았을까?

한편 황복사지 삼층석탑 안에서는 앞서 이야기했듯 금으로 만든 부처 조각이 2점 발견되었는데, 이 부분은 국립경주박물관으로 가며 이어가보려 한다. 여기서 걸어서 30분 정도 가면 박물관에 도착하니 그럼 천천히 이동해보자.

국립경주박물관으로 가는 길

오후 4시 20분이 되자 태양이 슬슬 서쪽 아래로 이동한 상황이군. 이로써 오늘 더위도 확실히 정점을 지난 듯하다. 바람이 불어오자 우와 선선하네. 한낮의 햇빛은 여전하지만 역시나 바람이 시원한 것을 보니 여름도 끝나는 모양. 토마토 주스를 꺼내 마신다. 음, 나는 토마토를 먹으면 이상하게 힘이 솟아나더라. 궁합이 잘 맞나봄. 자, 이제 토마토의 힘을 빌려 국립경주박물관까지 행군을 시작해볼까. 다름 아닌 박물관에 만파식적과 연결되는 거대한 크기의 작품이 있기 때문. 이번 여행의 백미가 아닐까?

길가를 따라 계속 걸어다가보니 어느덧 폭이 넓

은 도로가 나온다. 낭산 동쪽에 있을 때는 조용해서 전혀 몰랐는데, 이곳에는 자동차가 얼마나 많이 다니는지 소음으로 가득하다. 아마 무릉도원에 있다가 현실로 돌아온 느낌이 이런 것일지도. 현실에 빠르게 적응하면서 계속 걷다보니 슬슬 황복사지 삼층석탑에서 등장한 금으로 만든 부처 두 점에 대한 이야기를 할 때가 온 듯싶군.

일제강점기 시절인 1942년, 황복사지 삼층석탑을 해체, 수리하는 과정 중 금동 사리함이 발견되었다. 금동 사리함을 열자 부처 조각 두 점, 사리, 구슬, 금과 은으로 만든 그릇 등이 함께 나왔는데, 특히 부처 조각의 경우 일반적으로 볼 수 있는 금동 불상이 아니라 오직 금으로 만든 작품이라 주목받는다. 그만큼 남다른 공을 들였음을 의미하니까. 이 중 서 있는 부처 조각은 높이 14cm이고 앉아 있는 부처 조각은 높이 12cm로 해방 후 두 점 모두 국보로 지정되었다. 현재는 출토된 경주가 아닌 서울 용산에 위치한 국립중앙박물관에서 소장, 전시 중.

이 두 점의 불상은 하나는 서 있고 다른 하나는 앉아 있는데, 각기 다른 디자인만큼이나 묘한 궁금증을 유발한다. 황복사지 삼층석탑 금동 사리함에 따르면 706년 금제 아미타불상 1구를 넣었다고 기록한 만큼 과연 두 점 중 어떤 불상이 706년 작품인

금제 아미타불상. 황복사지 삼층석탑과 함께 692년에 만들어진 서 있는 부처. 통일신라 초반 작품. ©Park Jongmoo

금제 아미타불상. 706년에 만들어진 것으로 보고 있는 황
복사지 삼층석탑에서 발견된 앉아 있는 부처. 당나라 디자
인을 받아들여 만들어진 작품. ©Park Jongmoo

지 의문이 생기니까.

해당 의문에 대해 학계에서는 서 있는 불상의 경우 삼층석탑과 함께 692년에 만들어진 것으로, 앉아 있는 불상의 경우 706년에 만들어진 것으로 보고 있다. 즉 두 점의 부처 조각 간에는 제작에서 약 14년 정도의 시간차가 있었네. 대충 아이가 태어나서 막 중학교에 입학한 시기 정도라 하겠군.

한편 두 부처 조각은 디자인상 다음과 같은 차이가 있다. 서 있는 부처의 경우 삼국 시대 후반 유행하던 불상 양식을 지니고 있는 반면, 앉아 있는 부처의 경우 동시대 당나라에서 유행하던 디자인이라는 사실이 그것. 이는 곧 서 있는 부처는 삼국 시대 디자인이 여전히 남아 있는 통일신라 초반 작품, 앉아 있는 부처는 동시대 당나라 디자인을 적극적으로 받아들여 만들어진 작품임을 의미한다. 당연히 이처럼 디자인상 차이가 있기에 각 부처가 만들어진 시기를 추정할 수 있었던 것이다.

그 결과 692년, 서 있는 부처상이 먼저 탑에 보관되고 → 706년 앉아 있는 부처상이 하나 더 추가된 것으로 판단할 수 있겠다.

이 14년이라는 차이를 두고 등장하는 불상 디자인의 변화는 신문왕 효소왕 시대와 달라진 성덕왕 시대의 모습을 상징적으로 보여준다. 사실 나당전쟁으로 인해 당나라와 사이가 소원해진 만큼 문무왕 시절부터 신라는 독자적인 외교와 정치력을 보여주고자 노력하고 있었거든. 이런 분위기는 신문왕과 효소왕 시절까지 쭉 이어졌다. 그래서인지 당나라와 외교적 마찰마저 종종 있었으니, 대표적인 예를 들자면,

당나라 중종(中宗)이 사신을 보내 구두로 조칙을 내려 이르기를, "우리 태종(太宗) 문황제(文皇帝)께서는 신이한 공과 성스러운 덕이 천고(千古)에 뛰어났다. 이런 까닭에 문황제께서 승하하신 날에 묘호를 태종(太宗)이라 지었다. 너희 나라 선왕 김춘추에게도 같은 묘호를 쓴 것은 매우 참람된 것이니, 모름지기 빨리 칭호를 고쳐라."고 하였다.

왕이 여러 신하들과 의논하여 대답하기를, "작은 나라 선왕 김춘추의 시호(諡號)가 우연히 성조(聖朝)의 묘호와 서로 저촉되어 칙령을 내려 고치라고 하였사오니, 신이 감히 명령을 따르지 않을 수 없습니다. 그러나 생각하건대, 선왕 춘추는 자못 어질고 덕망이 있었으며, 더구나 생전에 어진 신하인 김유신을 얻어 한마음으로 정사를 돌보아 삼한(三韓)을 통일하였으니, 이룩한 공적이 많지 않다고 할 수 없습니다.

이에 선왕께서 승하하셨을 때에 온 나라의 관리와 백성들이 슬퍼하며 사모하는 마음을 이기지 못하여 추서한 존호가 성조(聖朝)의 묘호와 서로 저촉된다는 사실을 깨닫지 못하였습니다. 지금 교칙을 들으매 송구스러움을 이기지 못하겠습니다. 엎드려 바라옵건대, 사신께서 당으로 돌아가서 대궐의 뜰에서 황제께 이와 같이 아뢰어 주시기를 바랍니다."라고 하였다. 그 후에 다시 별다른 조칙이 없었다.

《삼국사기》 신라본기 신문왕 12년(692)

어느 날 당나라에서는 당 태종 이세민과 같은 묘호를 사용하던 태종무열왕 김춘추에 반발하여 사신을 보내 이를 고치라 한다. 다만 당나라 중종이 사신을 보냈다는 《삼국사기》 기록과 달리 이 시기는 측천무후가 당나라를 통치하던 시절이라 학계에서는 아무래도 기록의 오류가 있는 것으로 본다. 한편 비슷한 기록이 《삼국유사》에도 등장하는데, 여기서는 당 고종이 태종무열왕의 묘호를 고치라고 하고 있네. 실제로도 당나라 고종 시절, 즉 신문왕 초기 벌어진 외교적 분쟁이 아닐까 싶군.

어쨌든 당 고종이든 중종이든 당나라 최고 영웅으로 인식되던 태종 이세민과 같은 묘호를 신라 왕이 사용한다는 것에 기분이 나빴던 모양이다. 무엇보다 나당전쟁마저 당나라가 패배한 마당인지라 더욱 자존심이 상했는지 위처럼 무례한 요구를 하고 있네. 그러나 신문왕은 이를 완곡한 표현을 통해 사실상 거절한다. 그러며 말하길 태종무열왕이 김유신을 얻어 삼한을 통일했으니 묘호로 태종을 쓸 만큼 공이 충분하다는 논리를 보였다. 즉 삼한일통에 대한 남다른 자부심으로 우리가 비록 당나라보다 작은 나라지만 결코 만만치 않음을 보여준 것.

하지만 시간이 더 지나 성덕왕 시절이 되자 당나라와 신라는 다시금 예전의 동맹 관계로 돌아왔다. 나당전쟁의 기억도 옛 이야기가 된 데다 두 나라 간 외교가 꾸준히 이어지면서 자연스럽게 관계 개선이 이루어졌기 때문. 그런 만큼 성덕왕은 당나라의 외교에 매우 적극적으로 임했는데, 이는 아시아 최강국과 친밀한 관계를 만듦으로서 신라 이익을 최대로 얻기 위함이었다.

오죽하면 702년 성덕왕이 즉위한 시점부터 706년 금으로 만든 앉아 있는 부처 조각을 황복사지 삼층석탑에 안치하는 기간까지만 하더라도 무려 7회에 걸쳐 사신을 당나라에 보냈을 정도. 이는 당나라와 신라가 다시금 나당전쟁 이전의 친밀한 관계가 되었음을 증명한다. 이러한 교류 덕분에 신라는 중국에서 유행하던 불상 디자인을 적극 받아들일 수 있었으며, 그 결과 당나라 최신 유행과 동일한 디자인을 지닌 앉아 있는 부처 조각이 만들어졌던 것.

여기까지 효소왕 시절 만들어진 서 있는 부처상과 성덕왕 시절 만들어진 앉아 있는 부처상을 비교하며 당시 신라 외교의 변화된 모습을 살펴보았다.

후후. 열심히 걷다보니, 드디어 국립경주박물관 주차장에 도착~ 시간을 보니 오후 5시 5분 전이로구나. 그럼 만파식적 마지막 이야기를 위해 빨리 들어가도록 하자.

성덕대왕신종과 성덕왕

　국립경주박물관에 들어선 나는 빠르게 성덕대왕
신종이 있는 곳으로 향한다. 만파식적 여행의 마지
막 장소가 될 예정이라 갑자기 심장이 두근두근. 사
실 그 이유가 아니더라도 성덕대왕신종을 볼 때마
다 남다른 감동을 느끼곤 한다.

　자~ 도착. 이것이 바로 성덕대왕신종이다. 높이
3.75m, 무게 18.9톤에 이르는 대형 종으로 화려한
문양이 새겨져 있어 통일신라 시대의 조각 솜씨를
그대로 전해주고 있네. 참으로 아름답다. 개인적으
로 국립경주박물관에 위치한 작품 중 최고를 굳이
하나 꼽아야 한다면 단연 성덕대왕신종을 선택하겠
다. 경주를 포함 한반도 전역에서 찾더라도 이와 비

성덕대왕신종. ©Park Jongmoo

견될 만한 신라 작품은 석굴암과 더불어 국립중앙박물관이 소장 중인 국보 반가사유상 정도만 있지 않을까 싶군. 그런데 이처럼 크고 아름다운 종이 조선 시대에 흔적도 없이 사라질 뻔했다는 사실.

> 전지하기를,
> "경상도 경주 봉덕사(奉德寺)의 큰 종과 유후사(留後司) 연복사(演福寺)의 큰 종은 헐지 말게 하라."
> 하였다.
>
> 《조선왕조실록》 세종 6년(1424) 5월 3일

조선 시대에 들어와 부족한 구리를 구하면서 한반도에 위치한 수많은 사찰의 종이 녹아 사라졌다. 그러나 봉덕사 큰 종, 즉 성덕대왕신종은 세종의 명으로 운 좋게 살아남았지. 이후 성덕대왕신종은 1506년부터 경주 읍성에 걸려 성문을 열고 닫을 때 시간을 알려주는 종으로 사용되었다. 그렇게 쓰임새를 인정받았기에 문화재 보호의 중요성을 적극 인식하던 시점인 현대까지 온전한 모습을 이어갈 수 있게 된다. 참으로 천운이라 하겠다.

아참, 성덕대왕신종과 함께 언급된 연복사 큰 종 역시 개성의 사찰에 위치한 무게 14톤의 고려 시대

연복사 큰 종. 고려 시대. 개성 남대문. 북한의 국보.

큰 종이다. 역시나 세종의 명 덕분에 운 좋게 살아남아 이후 개성 남대문에 걸려 성문을 열고 닫을 때 시간을 알려주는 종으로 사용되면서 지금까지 살아남을 수 있었다. 현재 북한의 국보라는군.

이렇듯 우리가 지금 이 순간 만날 수 있는 유물들은 오랜 세월 동안 국내외 수많은 위험에서 겨우겨우 살아남아 전해진 매우 운 좋은 경우다. 그런 만큼 최선을 다해 보호하여 다음 세대, 그 다음 세대도 만날 수 있도록 노력해야겠지.

한편 성덕대왕신종은 신문왕의 둘째 아들이자 효소왕의 동생인 성덕왕(재위 702~737년)을 위해 만들어진 것으로 771년 완성되었다. 이는 성덕왕이 세상을 뜬 지 무려 34년이 된 시점이다. 당연히 그만큼 성덕왕이 후대 왕에게 무척 중요한 인물로 인식되었음을 알려준다. 실제로 성덕왕은 평화 시대를 통치하여 현재 유명세가 덜하지만, 통일신라 시대 최고 전성기를 이룩한 인물로서 조선 시대로 친다면 나름 성종과 유사한 위치가 아닐까 싶군.

우선 그는 36년 간 나라를 통치하며 당나라와 46회에 걸친 사신 파견을 통해 외교력을 극대화시켰다. 덕분에 나당전쟁 승리 후 신라가 통치하고 있던 임진강 북쪽부터 평양 이남까지의 영토를 당나라로부터 국제적으로 인정받게 된다. 이는 조선 세종 시

위 | 연복사 큰 종 명문. 아래 | 연복사 큰 종 용뉴.

대 4군 6진 영토 개척 때에도 유사한 모습으로 등장한다. 북방에 살던 여진족의 반발이 심했음에도 명나라와의 남다른 외교 관계를 통해 큰 무리 없이 국제적인 조선 영토로 확정지을 수 있었으니까. 뿐만 아니라 당나라와 교류를 통해 여러 문물을 적극 받아들이면서 기존의 불교, 유학뿐만 아니라 의학과 수학을 장려하였고, 그 결과 물시계를 만드는 등 과학 부분까지 크게 발달했지. 이때 물시계는 우리 역사 기록에 최초로 등장하는 물시계다. 이처럼 위대한 시대를 연 왕이었던 만큼 시일이 한참 지났음에도 성덕대왕신종을 만들며 그의 업적을 널리 알리고자 했던 것.

엎드려 생각하건대, 성덕대왕의 덕은 산하(山河)와 같이 드높았고, 명성은 일월(日月)과 같이 높이 걸렸다. 충직하고 어진 이를 등용하여 속세를 어루만지고, 예악(禮樂)을 숭상하여 풍속을 살피셨다. 들에서는 근본이 되는 농업에 힘썼고, 시장에는 낭비되는 물건이 없었다. 그 시절에는 금옥(金玉)을 싫어하였고, 세상에서는 문재(文才)를 숭상하였다. 뜻하지 않게 아들을 잃었지만 나이 많은 이의 훈계에 마음을 두었다.

40여 년 나라를 맡아 정사에 힘써 전쟁으로 백

성을 놀라게 하거나 어지럽게 한 적이 한 번도 없었다. 그런 까닭에 사방의 이웃 나라가 멀리에서 복종해왔는데, 오직 왕의 교화를 흠모하는 바람만 있었지 화살을 날릴 틈을 엿본 적은 없었다.

771년 성덕대왕신종 명문

오죽하면 성덕대왕신종 명문에는 위 같은 문장이 새겨져 있을 정도다. 물론 돌아가신 왕을 위한 어느 정도 포장이 있었겠지만, 통일신라의 전성기 시점 자부심이 절로 느껴지는 멋진 문장이라 하겠다. 이는 곧 문무왕 – 신문왕 – 효소왕을 거친 통일신라가 성덕왕에 이르러 비로소 최고 전성기를 맞이했음을 보여준다. 내가 성덕대왕신종을 남달리 좋아하는 이유도 바로 이 문장 때문이기도 하지. 피와 땀으로 힘들게 쌓은 과정이 드디어 꽃처럼 화사하게 필 때를 보여주니까.

한편 성덕왕을 위해 만들어진 성덕대왕신종에는 다름 아닌 용이 조각되어 있었으니…, 이제 마지막으로 이를 살펴볼까?

성덕대왕신종과 만파식적

어느 종이든 가장 위에는 걸어두기 위한 고리 부분이 있다. 이러한 고리 부분에다 중국, 한국, 일본 등에서는 용을 조각해두었으니, 이를 소위 용뉴(龍紐)라 부른다. 한마디로 용(龍) 모양의 매는[紐] 장식이라는 의미.

그렇다면 왜 용을 장식했던 것일까?

후한시대 반고(班固, 32~92년)의 서도부주(西都賦註)에 따르면, "바다에는 고래가 있고 바닷가에는 포뢰(蒲牢)가 있다. 포뢰는 고래를 무서워하여 보기만 하면 우는데, 그 울음소리가 꼭 종소리와 같다."라는 대목이 있다.

고래 형상으로 조각
한 당목.

여기서 포뢰는 바닷가에 사는 용의 이름이다. 그

성덕대왕신종의 용뉴. ©Park Jongmoo

런데 유독 울음소리가 남달랐다고 하니 그래서인지 종 장식으로 적극 등장하였다. 또한 포뢰가 고래를 무서워하는 만큼, 종을 치는 나무 막대인 당목(撞 木)은 고래 형상으로 조각한다. 이를 통해 마치 고 래가 보이면 포뢰가 울부짖는 모습을 표현한 것. 이 렇듯 종 디자인에는 남다른 세계관이 존재함을 알 수 있다.

"구리종 세 개를 벌려 놓았는데, 모두 종각이 있 고 포뢰(蒲牢)가 있었으며 고래 모양으로 종치는 방망이를 삼았다."

《삼국유사》 탑상 만불산

여기서 만불산(萬佛山)은 성덕왕의 아들인 경덕 왕(재위 742~765년) 시절 불교 공예품이다. 당시 당 나라 황제가 불교를 무척 숭상한다는 말을 듣고 선 물로 보내기 위해 장인에게 특별히 지시하여 만들 었지. 그런데 여기서도 포뢰(蒲牢) 모양의 용과 고 래 모양으로 종치는 방망이가 있다는 표현이 등장 하는군.

이처럼 아시아 종에 조각된 용의 경우 기본적으 로 포뢰로 보고 있다. 그러나 중국, 일본 종과 구별 되는 통일신라 종만의 개성적 디자인이 있으니 무

일본에서 가장 오래된 종으로 알려진 간제온지(觀世音寺)의 종.

엇보다 장식된 용의 모습이 무척 남다르다는 점이
대표적이다.

이를 비교하기 위해 일본에서 가장 오래된 종으
로 알려진 간제온지(觀世音寺)의 종을 살펴보자. 스
마트폰으로 찾아볼까? 구글에다 "觀世音寺 梵鐘" 이

라 치면 됨. 오. 금방 사진을 찾았다.

높이 1.6m의 해당 종은 698년 무렵에 제작된 것으로 전반적인 종의 형태와 무늬의 경우 동시대 한반도, 그러니까 통일신라로부터 큰 영향을 받은 것으로 추정하고 있다. 그런데 종의 가장 위에 위치한 고리 부분을 한 번 잘 살펴보자. 다름 아닌 용머리가 둘이다. 이를 소위 쌍용이라 부르기도 하지. 안정적으로 균형이 맞도록 용머리를 두 개 배치한 후 이곳에 고리를 건 것. 이처럼 용머리 두 개가 등장하는 디자인은 일본 종뿐만 아니라 중국 종에서도 일반적인 모습이라 하겠다.

반면 771년 제작된 경주의 성덕대왕신종을 포함하여 725년 제작된 또 다른 통일신라 종인 강원도 평창의 상원사 동종 경우에는 용이 오직 한 마리만 등장한다. 또한 용은 기다란 음통과 함께하고 있는데, 음통 디자인 역시 독특해 보인다. 사실 종은 걸어두어 사용하는 만큼 좌우 균형이 무척 중요하건만 하나의 용과 음통으로 디자인된 고리는 누가 보더라도 쌍용에 비해 균형을 맞추기 무척 힘든 모습이지. 이는 곧 해당 디자인을 위해 치밀한 무게 균형을 고민하여 구성한 결과물이 바로 통일신라 용뉴임을 의미한다.

이에 대해 1982년, 황수영 박사(1918~2011년)는

상원사 동종. 국보.

만파식적 신화를 종에 디자인한 것으로 보았는데, 이를 바탕으로 살펴보면 매우 그럴 듯한 모습으로 다가온다. 사실 통일신라 종의 용뉴를 보면 용 디자인이 굉장히 동적이다. 용의 두 다리가 앞과 뒤로 휘졌듯이 적극적으로 표현되어 마치 달려오는 듯하고, 이는 마치 빠르게 바다를 건너오는 용처럼 보이거든. 뿐만 아니라 기다란 음통을 가만 보면 만파식적에 등장하는 대나무로 만든 피리를 형상화한 듯하다. 이렇게 합쳐서 보니, 용이 바다를 건너 피리를 전달하는 모습 같군. 그런 만큼 아무리 보아도 단순한 포뢰 디자인으로 보이지 않는걸. 포뢰라면 굳이 이렇게까지 복잡한 디자인을 보일 이유가 없을 테니까.

그래서인지 나 역시 통일신라 종에 등장하는 용은 황수영 박사의 주장대로 신라 왕권을 상징하던 만파식적 신화를 보여준 것으로 생각된다. 즉 처음에는 신라 역시 일본의 간제온지(觀世音寺)의 종처럼 포뢰를 형상화한 쌍용이 등장하는 종을 만들었겠지만 만파식적 신화가 신라 왕실을 상징하는 중요한 기반으로서 널리 알려지자, 포뢰를 대신하여 만파식적 신화가 종의 디자인으로 적극 등장했던 것. 그럼에도 불구하고 당나라 황제에게 선물로 보내는 만불산에는 남달리 신경을 써서 당나라 종 형식으로 포뢰를 장식한 것이 아닐까? 주변국에 맞는 세밀한 외교력은 당시 신라가 보인 남다른 능력이었으니까.

> 문무왕이 평소에 항상 지의법사에게 이르기를 "짐은 죽은 뒤에 호국대룡(護國大龍)이 되어 불법을 받들고 나라를 수호하고자 한다."고 하였다.
>
> 《삼국유사》 기이 문무왕 법민

자, 여기까지 성덕대왕신종을 살펴보면서 만파식적 신화의 마지막 모습까지 따라가보았다. 그런만큼 신라인들은 종이 웅장한 소리로 울릴 때마다 문무왕의 업적을 생각하며 자신들이 이룩한 삼한일통에 대한 자부심을 되새겼겠지. 이처럼 만파식적은 종 머리에 장식된 채 한반도 여러 곳에 위치한 사찰마다 매시간 울려퍼지며 일상처럼 다가왔을 것이다. 이는 죽어서 호국대룡, 즉 나라를 지키는 용이되어 불법을 받들고자 한 문무왕의 유언이 현실로이루어진 장면이기도 하다.

그럼 이번 여행은 이것으로 마치고.. 경주 황리단 길로 가서 저녁이나 먹어야겠다. 많이 걸어다니며 여러 생각을 했더니, 배가 무척 고프거든. 그럼안녕~ 다음에 다른 주제로 또 만나요. 아참. 떠나기

위 | 연꽃무늬 당좌. 아래 | 하단부 무늬. ©Park Jongmoo

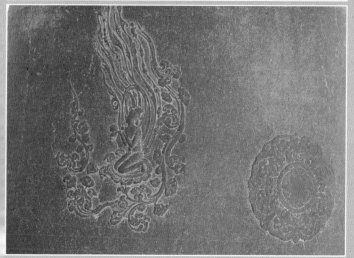

위 | 보상당초무늬로 장식한 연곽과 연두, 아래 | 비천 ©Park Jongmoo

성덕대왕신종에 새겨진 명(銘). ©Park Jongmoo

전 마지막으로 성덕대왕신종에 새겨진 글을 소개하며 마치고 싶다. 무척 아름다운 문장이니 같이 읽어 보면 좋을 듯하여.

그 말씀은 이러하다.
하늘에 천문이 걸리고, 땅에 방위가 열리니
산과 강이 자리를 잡고, 영토가 나뉘어 펼쳐졌네.
동해의 바닷가 뭇 신선이 숨은 곳,
땅은 복숭아 골짜기에 있고, 경계는 해 뜨는 곳에 닿아 있네.
여기에 우리나라가 있어 합하여 한 고을이 되었네.

크고 크도다, 성인의 덕이여! 대대로 밝아 더욱 새로워지고
오묘하고 오묘하도다, 맑은 교화여! 멀거나 가까운 곳에 능히 이르고
은혜가 멀리까지 미쳐 사물과 함께 고르게 젖었네.
무성하도다, 자손들이여. 안락하도다, 백성들이여.
수심 어린 구름이 문득 애처롭더니, 지혜로운 태양은 봄이 따로 없구나.

공경스럽고 효성스런 후손이 왕업을 이어 정사를 베푸네.

세상을 다스림에 옛 법을 따르니 풍속을 옮김에 어찌 어김이 있으리오.

날마다 아버지의 가르침을 생각하고, 항상 모후의 모습을 그리워하네.

다시 명복을 빌고자 하늘에 종으로 기원하셨네.

위대하도다, 우리 태후시여! 성대한 덕이 가볍지 않으니,

진귀하고 상서로운 일이 자주 나타나고 신령스러운 징조가 매양 생겨났네.

임금이 어질어 하늘이 도우시니 시절은 평안하고 나라는 태평하도다.

조상을 생각하길 부지런히 하니 그 마음을 따라 소원을 이루었네.

마침내 유명(遺命)을 돌아보고 이에 종을 만드니,

사람과 귀신이 힘을 모아 진귀한 그릇이 모습을 이루었네.

능히 마귀를 항복시키고 물고기와 용도 구제할 만하니,

위엄은 해 뜨는 곳까지 떨치고 맑은 소리는 북쪽 봉우리까지 울리네.

듣고 보는 이 모두 믿음을 일으키니, 꽃다운 인연 제대로 씨를 뿌렸네.

원만하고 텅 빈 신기한 몸체가 바야흐로 성스러
운 자취를 드러내니
영원토록 큰 복이 끊임없이 거듭되리라.

성덕대왕신종 명문 771년

에필로그

만파식적.

단군신화 정도는 아닐지라도 대한민국 사람들이라면 최소 한 번 이상은 들어본 적 있는 유명한 이야기다. 아무래도 1. 용이 준 피리를 불면 모든 걱정이 사라진다는 신비함 + 2. 문무왕과 김유신이 이룩한 삼한일통에 대한 남다른 자부심 + 3. 신화가 발생한 장소가 문무대왕릉과 이견대, 감은사지로 존재하여 그 분위기를 여전히 느낄 수 있다는 점 등이 합쳐져 매력적으로 다가오는 것이 아닐까 싶군.

덕분에 나 역시 만파식적과 관련한 유적지를 많이 돌아다녔는데, 어느 날 "구슬이 서말이라도 꿰어야 보배"라는 말처럼 이를 하나로 꿰어서 보여주자는 생각을 하였다. 이렇듯 만파식적과 연결된 경주 유적지를 하나의 여행으로 묶어본다면 나름 보배가 되지 않을까 하는 막연한 기대감이 이번 여행 책을 쓰게 된 이유다.

한편 책을 완성하고 나자 특별히 고마움을 표하고 싶은 분이 있다. 다름 아닌 《삼국유사》를 쓴 일연 스님이 그 주인공.

앞서 이미 설명했듯 일연 스님은 유학자들이 무시한 괴력난신 표현에도 분명 이런 이야기가 존재한 이유가 있으리라 여겼다. 이에 《삼국사기》에는 간략히 소개된 만파식적 이야기를 가능한 원전 그대로 기록해둔다. 결국 이와 같은 기록은 시간이 지나 편견이 약해진 현대에 들어와 남다른 빛을 보게 된다. 근대 이후 여러 학자들은 만파식적을 단순히 기묘한 이야기로 접근하는 것이 아닌, 당시 역사 및 흐름을 이해하는 중요한 배경으로 다가갔으니까. 이렇듯 풍성해진 고대사에 대한 해석 역시 일연 스님의 기록이 만들어낸 훌륭한 열매가 아닐까 싶군.

그렇다. 이처럼 우리도 미래 후손들을 위해 가능한 많은 기록을 남기면 좋겠다. 이 중 일부만 살아남아도 미래 후손들에게는 남다른 의미로 다가올 테니까.

그럼 앞으로도 《삼국유사》를 기반으로 다양한

책이 계속 등장하길 바라면서 이번 이야기를 끝맺기로 하자. 나 역시 삼국 시대 신화를 바탕으로 책을 쓸 때면 100%《삼국유사》를 또다시 응용할 테니, 그때마다 일연 스님의 도움을 받아야겠다.

참고 문헌

국사편찬위원회, 연희 신명과 축원의 한 마당, 동아출판사, 2006.

김부식,《삼국사기》.

김상현, 만파식적 설화의 형성과 의의, 한국사연구회, 1981.

김수태, 신라중대 정치사연구, 일조각, 1996.

김승우, 조선후기 〈몽금척(夢金尺)〉 악장 및 정재의 전승 양상, 동양고전연구, 2019.

김종서·정인지·이선재,《고려사》.

도학회, 상원사종과 성덕대왕신종의 용뉴(龍鈕)에 대한 고찰, 미술교육논총, 2011.

박명호, 신문왕의 敎書를 통해 본 金軍官의 정치

적 성격 : 骨品貴族의 官僚化 시각에서, 한국사학보, 2008.

　박수정,《三國遺事》기이편 天賜玉帶조의 이해, 동국대학교 신라문화연구소, 2019.

　박해현, 신라중대 정치사연구, 국학자료원, 2003.

　배재훈, 성덕왕의 왕위 계승 과정 검토, 한국전통문화연구, 2015.

　서정목, 모죽지랑가의 시대적 배경 재론-효소왕의 출생 시기에 대한 새로운 추론, 한국고대사탐구, 2013.

　서정목,《삼국사기》의 '元子'의 용법과 신라 중대 왕자들, 학국고대사탐구, 2015.

　서정목, 孝昭王의 출생 시기 관련 기록 검토, 진단학보, 2014.

　양시호, 신라 金入宅의 유형과 그 분포, 신라사학보, 2008.

　오경후, 조선후기《삼국유사》인식과 그 가치, 불교학보, 2017.

　조범환, 神穆太后 : 新羅 中代 孝昭王代의 政治的 동향과 神穆太后의 攝政, 서강인문논총, 2010.

　《조선왕조실록》.

　이근직, 新羅 王陵의 起源과 變遷, 영남대학교,

2006.

이기봉, 고대 도시 경주의 탄생, 푸른역사, 2007.

이기봉, 新羅 王京의 範圍와 區域에 대한 地理的 研究, 지리학논총, 2002.

이미경, 新羅의 報德國 지배정책, 대구사학, 2015.

이현주, 신라 중대 신목왕후(神穆王后)의 혼인과 위상, 한국여성사학회, 2015.

일연,《삼국유사》.

임세운, 경주 구황동 삼층석탑 발견 금제여래좌상 연구, 미술사학연구, 2014.

장장식, 만파식적 설화의 역사적 배경과 의미, 이근최래옥박사화갑기념논문집간행위원회 편, 2000.

장호진 · 강량지, 신라 황복사지(皇福寺址) 동편 폐고분지(廢古墳址)의 성격, 국립문화재연구소, 2020.

전영섭, 10세기 전후 동아시아 교역체제의 변동과 내륙도시 長安 -京兆府의 戶口실태와 인구이동을 중심으로-, 역사와 경계, 2011.

조범환, 신라 중대 聖德王의 왕위 계승 再考 :《三國遺事》의 五臺山事蹟을 중심으로, 서강인문논총, 2015.

진덕재, 통일신라 銅 · 靑銅製品의 生產과 流通,

한국문화, 2014.

하일식, 신라 왕경인의 지방 이주와 編籍地, 신라
문화, 2011.

일상이 고고학 나 혼자 경주 여행 2 만파식적편

1판 1쇄 인쇄 2023년 4월 5일
1판 1쇄 발행 2023년 4월 12일

지은이 황윤
펴낸이 김현정
펴낸곳 책읽는고양이

등록 제4-389호(2000년 1월 13일)
주소 서울시 성동구 행당로 76 110호
전화 2299-3703
팩스 2282-3152
홈페이지 www. risu. co. kr
이메일 risubook@hanmail. net

ⓒ 2023, 황윤
ISBN 979-11-92753-06-5 03910